圖解 日本人也不知道的武士道

明治學院大學教授
武光 誠／著

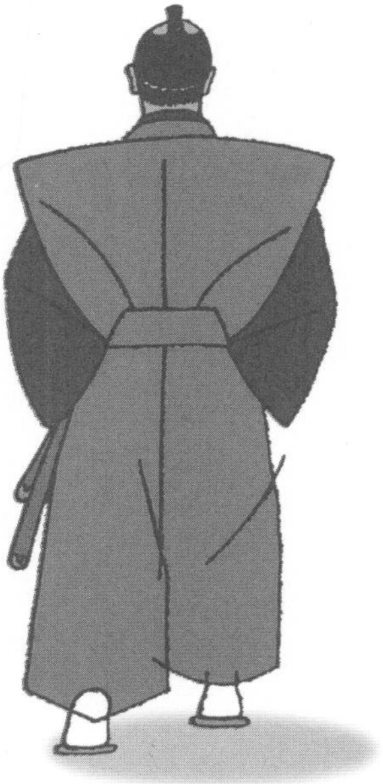

前言

現代日本人所繼承的「真正武士道」

武士道是誕生於侍（Samurai）社會中的日本特有道德，儘管明治時代以降武家政治漸趨沒落，武士道仍舊被視為日本的優良傳統而備受重視。

提起武士道，往往令人聯想起切腹、敵討及決鬥等，或許多數人都認為武士的生活就是終日厲兵秣馬吧？

一般人之所以會有這樣的聯想，都是受到歌舞伎及時代劇中所形塑的武士形象誤導。雖然武士確實會鍛鍊體魄，修習劍術、弓術等十八般武藝，但也正因如此，他們十分明白濫用暴力的危險，並致力於追求和平的生活。

只要一探武士的歷史，即可明白武士道所追求的乃是「和」的境界，也就是人與人之間的祥和。這種「和之心」，指的即是經過深思熟慮後所採取的正確行動，源自於中世以降的武士在日常生活中對於責任感與禮儀規範的重視。

若是能夠透過本書，讓各位在「和之心」的引導下理解何謂真正的武士道，對我而言便是莫大的榮幸。

武光　誠

圖解日本人也不知道的 武士道

目次

序章

武士道的「實像與虛像」將在此公諸於世

第1章

新渡戶《武士道》的正確讀法①

「義」、「勇」、「仁」……何謂武士精神的型態？

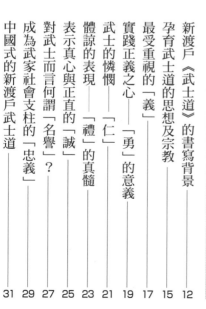

第2章

新渡戶《武士道》的正確讀法②

日本人心中的「大和魂」與武士道的關係

第3章

未曾提及的武士道核心

做為農村領主的道義而萌生的武士道

第4章

太平盛世下的武士實態

備受幕藩體制扭曲的武士道

第5章
《五輪書》、《葉隱》……是否傳達了真正的武士道？
解讀武士道的古代典籍

第6章
武士道在近代日本形成的光與影
武士不復存在之際的武士道與日本人

終章
「和之心」——現代日本人心中的武士道

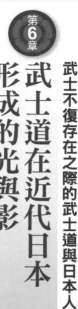

序章

武士道的「實像與虛像」將在此公諸於世

侍之國——日本

以美國人為主的歐美人士當中，熱愛日本文化者所在多有。他們不僅學習茶道與花道、參觀日本禪寺、製作日式陶器與飾品，同時還會學寫書法。

這類追求日本文化的歐美人士，嘴上經常掛著一句話：「侍之國——日本」（如同左表之③，本書以「侍（Samurai）」這個詞彙代稱出色之人（優秀人物）時會寫成羅馬拼音）。他們可能認為禪道、茶道、花道、劍道、柔道、居合道、薙刀等日本傳統文化，都是由身穿和服或裃❶、下身搭配袴❷，頭頂綁著髮髻、腰上插著長短武士刀的侍（武士）所孕育出來的吧！

現在的日本已經沒有侍了嗎？

偶爾會從偏愛日本文化的歐美人士口中聽到這種令人感傷的言論。

「過去的日本是侍之國。但實際走訪一趟日本後，竟發現大家都在模仿美國人，不但染了頭髮，穿著牛仔褲配T-shirt，還盡吃些漢堡等外國食物。看到這樣的情形，不禁讓人覺得日本人如今已經喪失不怕死的侍之精神了。」

就某方面而言，這樣的評論確實很中肯。但之所以會產生這種現象，並非由於現代人已經喪失了武士道之心，而是因為現今社會中充斥著錯誤的「武士道」觀念。本書將會針對這一點進行詳細的說明。

這一切都是由於武士階級沒落的明治時代以降，過於強調武士道暴力的一面所致。

遭受扭曲的武士道

推翻江戶幕府、獨攬大權的明治政府領導階級，為了將倒幕運動正當化，刻意對民眾灌

「侍」與「武士」的語意

「侍」的語意

①指在主君身旁侍奉，或指侍從　②武士（在中世是有別於庶民的身分；在江戶時代則是有別於農工商的身分）　③引申為出色的人物　④近世初期的武士家僕或隨從　⑤侍所（中世的衙門）的簡稱。

「武士」的語意

習武從軍之人。等同Samurai、Mononofu、武者、武人。

過往對於「武士」的印象

切腹

敵討

無禮討

輸了「江戶時代乃黑暗時代」的歷史教育。

其認為「在江戶幕府的統治下，攜刀穿袴的武士飛揚跋扈，憑藉武力欺壓那些被迫穿著和服便裝（不穿袴的和服穿法）的農民及町人❸。武士因為細微末節的瑣事憤而拔刀、相互廝殺，對平民進行無禮討。其往往逞『武士道』的血氣之勇，引發切腹、敵討（仇討）等血腥事件。

然而明治維新後廢止了士農工商的身分制度，曾經身為武士的人也被禁止攜刀遊蕩，創造了一個人人都能穿袴（受到平等對待）、沒有切腹與敵討的社會。此舉為日本帶來了『莫大的進步』。」

但這樣的評價顯然與事實不符。江戶時代的執政者，在施政時總是會優先考慮到百姓，而任意拔刀引發傷害事件的武士，也往往會受到嚴厲的懲處。

相較之下，明治政府所設立的徵兵制，卻讓百姓嘗到更勝於武家統治數十倍、數百倍的痛苦。太平洋戰爭的死亡人數，甚至高達近一百八十五萬人。

武士道是殘忍暴力的嗎？

歐美人士對於武士道的觀感，主要來自新渡戶稻造的著作《武士道》。

因此觸及歐美人士對於侍的評價時，就不得不考慮新渡戶在明治政府否定武家政治的歷史觀點下所受到的巨大影響。

新渡戶的《武士道》一書並非以批判的角度看待武士。

當時許多歐美人鑑於日本開國後的情形（攘夷主義者殺傷外國人等事件），而抱持著「武士即是野蠻人」的印象。

針對這一點，新渡戶主張：「武士並非僅只是殺人集團。其乃依循內容合宜的道德思想，採取合理行動的清高戰士。」

其於書中闡述了刀乃武士之魂的習俗、切腹及敵討（仇討）的行為、武士無懼死亡的生存方式以及為名譽而戰的英勇姿態，在在給人極為深刻的印象，進而使歐美讀者認為武士乃是「爭強好鬥、無懼死亡的集團」。

此外日軍在太平洋戰爭時期的特別攻擊部隊（特攻隊），也大幅強化了歐美人士這方面的印象。

但實際上日本人卻是生性溫和、不喜爭端的民族，因此歐美人士心目中的「侍」，也就不復存在於現今的日本了。

難以捉摸的武士道

武士道是極難掌握實體的思想。每一位武士在家庭教育中所學到的「武士之子的生活方式」，整體而言就是武士道。

基於這一點，可說每一位武士都有其個人獨自奉行的武士道。因此直到江戶末期，都不曾出現過被公認為「武士必讀」的「武士道啟蒙書」。

第五章中將介紹山本常朝的著作《葉隱》，但其充其量也只是「常朝心目中的武士道」。儘管《葉隱》是本傑作，但常朝本人卻不是眾人仿效的對象。

《葉隱》、《五輪書》（宮本武藏著）等江戶時代以前闡述武士道的書籍，僅只記述作者本人所關注的特定主題，而新渡戶的《武士道》，則是第一本闡述武士道全貌的書籍。

但就如同之後所述，書中所謂「武士道最重『義』與『勇』」的敘述，與其說是在解說武士道，不如說是在向歐美人士介紹日本人所具備的道德觀全貌。

比起新渡戶所設想的長篇大道理，真正的武士道應該是更加樸實的。

武士原指具責任感的庶民領袖

我們很難去闡述現今的「高級官僚」、「有影響力的企業家」及「部長與國會議員」其全體所共有的道德觀，畢竟他們都是各自獨立的個體，會基於自己的想法採取行動。

只不過，這些領導當今日本的所有組織成員，確實抱持著某種應當遵守的道德觀念，而這也正是拙作的主題——「真正的武士道」所指的觀念。

武士道是在武士成為村落小領主的情況下所產生的思想，這一點之後會在第三章詳細敘述。

武士與庶民共同生活，為了成長為足以帶領他們的人，遂以更加嚴格的自我要求，去勵行自古傳承的神道道德規範。

伴隨著這份信念，他們學到自我鍛鍊等道德觀念，以克盡村落領導人的職責。這種挺身保衛家族及部下的責任感，即是構成武士道核心價值的事物。

儘管在國內局勢穩定的江戶時代，武士多自行辭去村落領導人的職責，但這樣的武士道仍舊由具備武士身分的人所繼承。

新渡戶的武士道與「真正的武士道」

「武士道」是日本樸實的道德觀。既然如此，其無庸置疑地直到現在都還存在於日本人的內心深處。

我想藉由本書來探究這樣的武士道，因此首先介紹最初建立並解說武士道體系的新渡戶《武士道》一書，隨後再追溯武士道的歷史。在此一過程中，也希望能夠闡明我對於武士道的看法。

《武士道》是農業學者新渡戶稻造以日本人的立場所寫就的書籍，相對於此，身為歷史學家（研究歷史哲學的學者）的我，則將透過日本史上的人物、事件以及制度來述說武士道。

我希望能以有別於新渡戶《武士道》的觀點，讓各位以更加簡明的方式理解真正的武士道。

譯註：

❶指武士的禮服。

❷日式褲裙。

❸居住在城市裡的商人或工匠。

第1章

新渡戶《武士道》的正確讀法①

「義」、「勇」、「仁」……何謂武士精神的型態？

新渡戶稻造是最早建立武士道體系並加以闡述的人。他試圖以「義」、「勇」、「仁」、「禮」、「誠」等詞彙闡明的武士道，究竟源於怎樣的思想背景？

新渡戶《武士道》的書寫背景

◆認識武士道之前，首先要了解做為其原點的書籍

第一本體系化的武士道解說書

如同序章所言，不論在中世（平安時代中期到安土桃山時代）或江戶時代，對於武士道的見解都因人而異。其中可分為形成思想的武士道與做為行為規範的武士道，兩者之間有其相同的部分，也有矛盾的地方。

而首度建立體系、針對如此難以理解的武士道進行解說的，就是新渡戶稻造的代表作《武士道》。因此，當現代的我們想要探究武士道時，就不可避免地必須從閱讀新渡戶的《武士道》開始。

新渡戶是位美式明治人

新渡戶的《武士道》與福澤諭吉的《勸學篇》及岡倉天心的《說茶》，並列為了解明治時代人民思想的必讀著作。

作者新渡戶稻造曾就讀札幌農學校（現在的北海道大學），畢業後遠赴美國，並與美國女性瑪麗共結連理。

《武士道》是明治三十二年（一八九九年）由旅居美國的新渡戶以英文撰寫而成的外文著作，甫出版便成為當時的暢銷書籍。

這本《武士道》是具備美式思考的新渡戶以國際性的視野客觀地闡明武士道的書籍。

因此，新渡戶筆下的武士道有別於第五章將介紹的以山本常朝《葉隱》為代表的武士啟蒙書，其並非誇耀自己身為武士的武士道書籍，而是一本現代人也能輕鬆閱讀的作品。

《武士道》一書共有十七章❶，以下將逐章介紹其內容梗概。

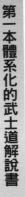

新渡戶稻造略年譜

年代	事件
1862	9月1日，出生於盛岡
1871	赴東京就讀築地英語學校
1881	自札幌農學校畢業
1883	就讀東京大學
1884	自東京大學輟學，隨後前往美國及德國留學
1891	歸國擔任札幌農學校教授
1900	《BUSHIDO》在美國出版
1906	擔任第一高等學校（負責今東京大學1、2年級生教育的組織前身）校長
1919	擔任國際聯盟副事務長
1927	擔任貴族院議員
1933	與世長辭

新渡戶稻造
（日本國立國會圖書館館藏）

新渡戶稻造《武士道》目錄

第一章	自成道德體系的武士道	Chapter I	Bushido as an Ethical System
第二章	武士道的起源	Chapter II	Sources of Bushido
第三章	義	Chapter III	Rectitude or Justice
第四章	勇——勇往直前與堅忍不拔的精神	Chapter IV	Courage,the Spirit of Daring and Bearing
第五章	仁——惻隱之心	Chapter V	Benevolence,the Feeling of Distress
第六章	禮	Chapter VI	Politeness
第七章	誠	Chapter VII	Veracity and Sincerity
第八章	榮譽	Chapter VIII	Honour
第九章	忠義	Chapter IX	The Duty of Loyalty
第十章	武士的教育與鍛鍊	Chapter X	Education and Training of a Samurai
第十一章	自制	Chapter XI	Self-Control
第十二章	自殺與復仇的規定	Chapter XII	The Institutions of Suicide and Redress
第十三章	刀——武士之魂	Chapter XIII	The Sword, the Soul of the Samurai
第十四章	女性的教育與地位	Chapter XIV	The Training and Position of Woman
第十五章	武士道的影響	Chapter XV	The Influence of Bushido
第十六章	武士道是否仍然存在？	Chapter XVI	Is Bushido Still Alive?
第十七章	武士道的未來將	Chapter XVII	The Future of Bushido

*引自《武士道》（岩波文庫）、“BUSHIDO The soul of Japan”（Charles E. Tuttle Co.,Inc.

比封建制度延續更久的武士道

新渡戶在《武士道》第一章中提及武士道對日本人而言，如同「持續散發光芒照耀我們」的星星。儘管其乃封建制度下的產物，但到了封建制度沒落的明治時代，日本人仍舊延續了武士道的精神。

基於這一點，新渡戶並不認同喬治・米勒（George Miller，愛爾蘭歷史學家，一七六四～一八四三年）所謂「東洋並不存在騎士道或類似制度」的說法。

按照新渡戶的論述，與其將日本武士道的涵義譯為以「Horsemanship」表示的「騎士技能」，不如譯為以「Chivalry」表示的「騎士規範」更貼切。然而武士道的內涵與「Chivalry」卻並非完全一致。

戰士的日常規範

因此新渡戶在自己的著作中，將武士道的日文發音以羅馬拼音寫成「BUSHIDO」（新渡戶並未採用「BUSHIDOU」的拼法），以此表示武士道的概念。

他所謂的武士道，是建立在武士應當遵守的數項道德德目（之後會提出的「義」、「勇」等）之上，經由口頭傳授銘刻於眾人心中的一種戒律。

這種武士道的概念，誕生於武士崛起、封建制度成形的時代（平安時代中期到鎌倉時代初期）。

最初乃是以戰場上的注意事項為主所制定的規範，與佛教、神道、儒教關係密切，一如密不可分的歐洲騎士道與基督教。

而接續上述內容，《武士道》第二章便開始探討日本的宗教、道德與武士道之間的關聯性。

譯註：

❶本書翻譯時參考的版本是新渡戶稻造著，吳容宸譯，《武士道——影響日本最深的力量》，先覺出版社，二〇〇三年。

孕育武士道的思想及宗教

◆承自佛教、神道與儒教的教誨

新渡戶所歸結的武士道來源

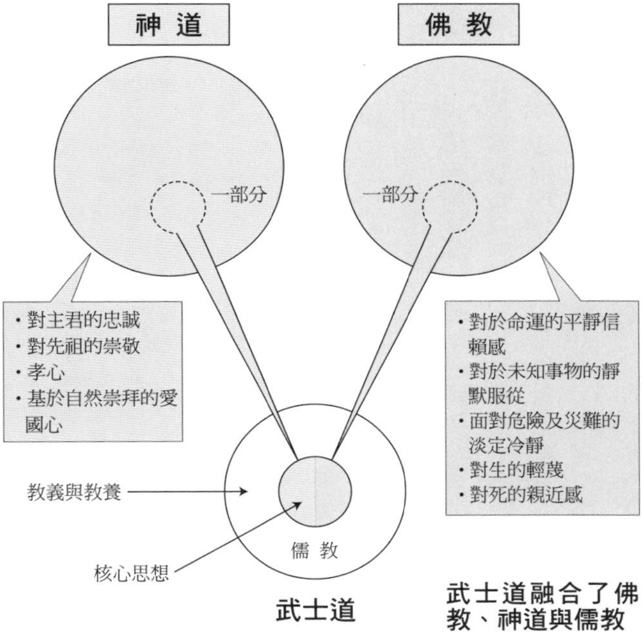

武士道融合了佛教、神道與儒教

承自佛教與神道的教誨

江戶時代以前的宗教以佛教與神道為代表。

新渡戶認為武士道中有一部分是承自佛教的教誨，並以武士修行禪學一事做為輔證。其中包括：

・對於命運的平靜信賴感
・對於未知事物的靜默服從
・面對危險及災難的淡定冷靜
・對生的輕蔑
・對死的親近感

他同時指出武士道中還有一部分承襲了神道的教誨，包括：

・對主君的忠誠
・對先祖的崇敬

・孝心

此外，他也認為是武士道中的「神道部分」建立了日本人的愛國心。

「儒教」是武士道的根源

儘管如此，新渡戶依舊主張武士道在道德教育方面是源自中國的孔孟教誨。

武士學習儒道並非為了求知，而是做為個人行為的規範。所以在武士應當遵守的基本道理中，以「義」、「勇」等儒教用語指涉的部分並不多。

接著新渡戶在第三章到第九章中，擷取了武士奉為圭臬的七項基本道理逐一解說。

新渡戶年輕時曾受過朱子學教育，因而相當重視武士道與儒教之間的關聯。然而，江戶時代的朱子學已經有別於發祥地中國，蘊含了大量日式的神道思想。就連新渡戶之後所使用的「義」、「勇」等詞彙，也已經轉化為日式的涵義了。

最受重視的「義」

◆以社會強制力執行的「正義」的真相

新渡戶所定義的「義」

義是

- 依循道理的果決之心
- 人應當邁進的筆直狹隘之道
- 最嚴厲的規範，與「勇」並列為武士道的雙生子

有別於原本涵義的「義理」

「義理」原指「正義的道理」
如對於父母、長輩及晚輩，或對於社會大眾所背負的義務，遠比感情天性更重要

然而……
對武士而言卻成為一種「應當無條件遵守」的教條
↓
如今則悖離原本的涵義，成為棘手的燙手山芋

最受重視的「義」

武士憎惡不光明的交易及不公平的行為，新渡戶認為這是源於他們重視「義」的心態。他引用了真木和泉守（尊王派志士，一八一三～一八六四年）的話指出：

「武士應重節義。所謂節義，即如人之骨幹，無節義之人，縱使才學兼備也無益於世。」

他同時提及赤穗四十七士的行為便是基於武士之「義」，被視為「光明磊落的男子漢德行」而受到讚揚（他們也因此被稱為「赤穗義士」）。

受義理束縛的日本人

武士認為正義是至高無上的，因此培育出表示「正義的道理」的「義理」概念。

所謂義理，就是人對於父母、長輩及晚輩，或對於社會大眾所背負的義務。換言之，「正義的道理」在日本社會中被視為一項應當無條件遵從的絕對命令。

舉例而言，侍奉父母、承歡膝下的舉止理當發自親情，但對於寡情的子嗣則必須以某種權威來命令他們躬親盡孝。新渡戶以為這項威權的固定形式就是「義理」。

他認為「義理」僅是「社會的一項產物」，且這樣的「義理」形成一種強制力，讓階級與家族間的尊卑關係、年齡的長幼次序等，遠比感情天性與才能優劣更受到重視。

藉由「義理」的美名，甚至可能發生父親為尋歡作樂，而要女兒出賣肉體籌錢的情形。新渡戶認為，藉由「義理」的曖昧，偽善的行徑往往被合理化，但武士的勇氣正好可以彌補「義理」的不完備。

實踐正義之心——「勇」的意義

◆自幼即以嚴格教育灌輸「勇」的觀念

新渡戶所定義的「勇」

勇是

- 勇猛、勇敢、有膽識、忍耐等德行
- 並非指冒險的行為，而是要做正確的事
- 具備能夠承受磨練的膽量
- 在精神方面，意指泰山崩於前而色不沮的「心靈平靜」

增強膽量的訓練

增強膽量
➡
培育「勇」

克服對死亡的恐懼，成長為具備勇氣的武士

勇氣與「義」乃一體兩面

勇氣必須基於「義」而行使才會產生意義。新渡戶認為《論語》中所謂「見義不為，無勇也」，指的是「勇氣即是去做正確的事」。

「武士道」所宣揚的「勇氣」，並非「冒著各種危險賭命赴死」的行為。

為了闡明自己的論點，新渡戶指出日本會輕蔑地以「犬死」一詞形容人為不值得的事送命，嚴格區分「大義之勇」與「匹夫之勇」的差別。

增強膽量的鍛鍊

武士從少年時期就要接受培育「勇猛」、「忍耐」、「勇敢」、「膽識」、「勇氣」等美德的教育。他們自幼反覆聆聽戰爭故事，被灌輸「男兒有淚不輕彈」的道理。

武士的雙親會用「近乎殘酷的嚴苛手段」增強孩子的膽量，例如役使他們做苦工、使其挨餓受凍，藉此讓他們學會忍耐。

少年們每個月還會有一兩個晚上，幾個人聚在一起徹夜輪流高聲朗讀，或在深夜前往刑場等地測試膽量，藉此培育具備膽識並因而充滿勇氣的武士。

新渡戶在之後寫到，或許有人會感到疑惑，認為施以如此嚴厲的教育，難道不會剝奪孩子溫柔的情感、讓他們成為心性殘忍的人嗎？為了回答這項疑問，他接著闡述了武士是如何學習憐憫之心——「仁」的德行。

武士的憐憫——「仁」

◆說明西洋與日本之間政治差異的概念

新渡戶所定義的「仁」

仁是

- 愛、寬容、對他人的同情、慈母般的德行
- 掛念痛苦之人的心情
- 立於人上者必備的心態
- 也會普及弱者、劣者與敗者

重視「仁」的武士

在國家組織當中……

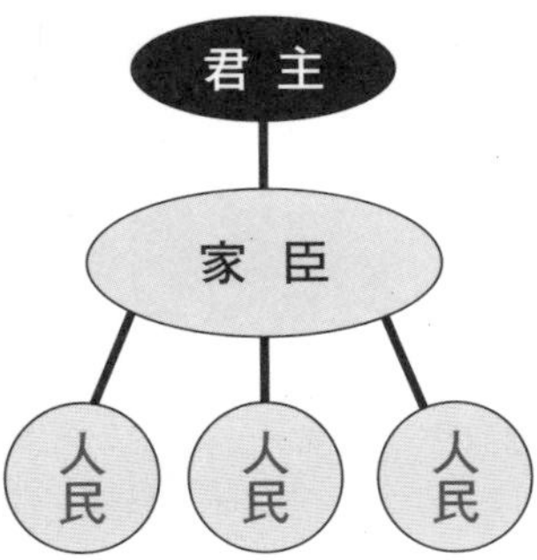

統治階級應施行德政、善待人民

即使在戰場上也……

儘管身處危機四伏的戰場，也會「憐憫」受傷的敵軍

武士的憐憫——「仁」

新渡戶在書中提到「愛、寬容、對他人的同情及憐憫之情」，是人類所擁有的性情中最高尚的情操，是故領導者被認為應以這種最高尚的德行治理國家。

而這種最高尚的德行即是「仁」。「仁」是指「人應有的作為」，《中庸》當中也有「仁者，人也」的說法。日本的封建體制在這種重「仁」的心態下，從來不曾出現過黷武政治或專制政治。

基於這一點，新渡戶認為西洋學者偏好用來表示東洋君主以武力鎮壓民眾、任意胡作非為的「東洋式專制」，乃是錯誤的觀念。

儘管身處戰場也不失憐憫之心

新渡戶認為東洋採取的是被統治者將「身體與性命」託付給統治者的體制，換言之，在此是看不到西洋在近代（絕對王權時代）以後所推展的、統治者與被統治者基於彼此間的契約（法律）建立國政的形式（法治主義）。

但日本的統治階級會認為自己應當施行德政、善待人民。因此在日本，統治階級會宛如父親疼愛孩子般，持續施行體恤弱者的德政。

而且武士認為「憐憫」——即慈愛及溫柔——是人類不可或缺的情感。哪怕身處危機四伏的戰場上，他們也不會失去這份感情。在一之谷之戰中（一一八四年），想要救助敵方年輕武士平敦盛的熊谷直實，就被盛讚為「具憐憫之情的武士」。

武士的憐憫之情是他們在平時合乎「禮」的日常生活中，基於對他人的體諒所產生的情感。

體諒的表現——「禮」的真髓

◆蘊含在繁文縟節中的真正涵義

新渡戶所定義的「禮」

禮是

- 以具體的形式表現對他人的體諒
- 對他人的喜怒哀樂感同身受，並以優美的感受性加以展露
- 藉由端正禮節的訓練，促使身體機能趨於規律，與環境調和，得以駕馭精神面

禮並非徒具形式

新渡戶在書中指出，造訪日本的外國人都會注意到「日本人端正的禮儀與高尚的品性」。

但日本人並不是害怕損及自身的「高尚品性」，才表現出合乎禮的行為舉止。

他們行「禮」的目的，在於以具體可見的形式表達對他人的體諒。

換言之，日本人是基於自身的感情天性而行「禮」（向抱持好感的人寒暄、敬愛尊敬的長輩）。

然而卻有歐洲人士批評這種「精心講究的禮儀規矩」剝奪了日本人的思考能力。

新渡戶針對這樣的評論加以反駁，他表示比起形式，日本人在行「禮」時更重視蘊含於其中的心意，在學習「禮」的過程中，同時學會體諒他人。

從茶道學習禮之心

新渡戶認為武士所偏好的茶之湯（茶道）禮節，是由一連串簡潔俐落的動作組合而成。只要能夠正確施行茶道禮節，就算面對戰爭等緊急情況，也能在採取行動之際，將自己的身體機能發揮到最大限度。

伴隨著這項說法，他還注意到茶之湯的動作宛如詩歌一般，具備井然有序的節奏感。就這層意義而言，茶之湯可說是一項藝術。

新渡戶進一步認為，這項藝術是一種用身體展現慈愛及謙遜的舉止。

從武道之中可以習得在戰場上運用身體的方式，但茶道卻能教授武士無法從武道中獲得的「禮」之心。

「禮」即是學習「型（規範）」。在集會的場合，我們可以藉由遵守制式的「型」來尊重周遭的人。過去的日本人都會被教導要「採取合乎規範的行為」。

日本人會像這樣經由「禮」學到許多事物，但在西洋卻會產生「究竟是述說真實重要？還是禮儀端正重要？」的想法。

換句話說，他們認為言行舉止優雅的人大多不可信賴，態度樸質的人才是正直人士。

然而日本人不僅禮儀端正，為人也十分正直。為了證明這一點，新渡戶便接著說明日本武士重視「誠」的態度。

表示真心與正直的「誠」

◆日本與歐美對於「謊言」的歧見

新渡戸所定義的「誠」

誠是

- 不說謊、不隱瞞
- 武士一言九鼎，約定無須靠契約牽制
- 身分愈高，對「誠」的要求也就愈高

「（噓）謊言」與「falsehood」的語意

「噓」的語意

不真實的事情，或指這類話語。虛假

「falsehood」的語意

虛偽、虛假、謊言、不實

※false含有「不正、不法」、「仿冒、擬似」的意思。因此，falsehood的語感就成了「為了欺瞞他人特意說出的謊言」。

「誠」總括來說就是「武士不二言」

「武士不二言」的精神

日本人同樣鄙視不真實與缺乏誠意的「禮」。如伊達政宗（戰國武將）就曾說過「超出正常尺度之禮節可謂欺瞞」。

接著新渡戸引用菅原道真的和歌——「心若有誠，不祈自有神佑（神明會庇佑正直之人）」，他認為這首備受信奉神道的日本人喜愛的和歌，其意境遠比莎士比亞小說〈哈姆雷特〉中那句說明誠實重要性的名句（「最重要的是，對自己誠實」）還要出色。

換言之，日本人基於將「誠」視為首要之務的想法，正如所謂的「武士不二言」，採取了鄙視說謊行徑的侍的生活方式。

說謊是弱者的證明

美國的皮瑞博士❶曾在其著作中記述多數日本人都認為與其失禮，倒不如向他人撒謊。但新渡戶卻認為，這是將日語中的「噓（謊言）」譯成「falsehood」所導致的誤解。

日本人會用「噓」泛指一切不真實的情況。如雖然自己腸胃不適，但為了不讓招待自己用餐的人心生遺憾，故微笑展現「非常有精神」的一面，在日語中也會用「噓」來表示。

日本人允許這種基於擔心對方而說出口的「噓（謊言）」。因此，在日本並沒有「不准說謊」的規範。

基於這一點，新渡戶認為在應該說實話時做出虛偽的證言並不代表罪惡，而是一種不名譽的弱者行徑。

譯註：

❶Rufus Benton Peery，美國傳教士，於一八九二到一九〇三年間赴日傳教。著有《日本的梗概》（*The Gist of Japan*）一書，書中描寫日本人及其所肩負的使命。

對武士而言何謂「名譽」？

◆重視後世評價的武士

新渡戶所定義的「名譽」

名譽是

- 只要是為了名譽，不僅能忍受貧困及試驗，就連犧牲生命也在所不惜
- 年輕人應當追求名譽
- 輕率躁進會被輕視，必須有堅忍不拔的心

如何表示「名譽」？

「honor（honour）」的語意 名譽、榮耀、名聲、信用、顏面、體面、榮譽、光榮
「name」的語意 （社會上）名字、評價、名聲、知名人士、名士
「personality」的語意 個性、性格、人格、人物
「fame」的語意 名聲、盛名、輿論、評價
「名譽」的語意 光榮的事、得到優秀評價的事、榮耀
「名（名聲）」的語意 建立在他人口中的評價
「面目（顏面）」的語意 與人相處的面貌，社會上的名譽、輿論
「外聞（輿論）」的語意 顏面、名譽

重視名譽的武家教育

新渡戶認為侍的特色，便在於「名譽」的呈現。儘管會被譯為Honor，但在江戶時代以前，「名譽」的概念是以「名（名聲）」、「面目（顏面）」、「外聞（輿論）」等詞彙來表示。

因此，Name、Personality與Fame的概念，也和日本人所謂的「名譽」有著共通之處。

在日本，犯了錯的孩子會被大人用「你會被別人笑話」、「別丟人現眼了」、「不覺得可恥嗎？」等話訓斥，因此武士非常重視自身的評價。

以忍耐與寬容保住名譽

新渡戶在書中寫到，新井白石（江戶中期的

儒學者、政治家，第五章中將詳細介紹）曾對年輕時遭受到的小屈辱表示：「不名譽就像是樹的傷疤，隨著時間的流逝，不但不會消失，反而日益擴大。」

此外他並斷然拒絕某人有損自身人格的行為（富商河村瑞軒提出「當我的養子，我就幫你出學費」的建議）。武士這種生存之道，有時會因為一些微不足道的理由（懷疑他人在背地裡說自己的壞話等）而拔刀相向。與此同時，新渡戶也提到輕率躁進的舉動會遭千夫所指，而忍耐與寬容的行為則會受人敬重，並有格言曰：「忍其不能忍者，謂之真忍也。」

武士出色的表現會流芳百世，所以他們往往冀望自己的行為舉止能受到世人的讚賞。

戰爭是提高自我名聲的好機會。在戰場上，武士可以展現出自身的忠義，立下汗馬功勞。在下一個項目便將介紹何謂武士的忠義。

成為武家社會支柱的「忠義」

◆煩惱該為「國」或為「家」的武士

被視為名譽之舉的忠誠

新渡戶在書中寫到，任何人都具備「對個人（自己所屬的集團領導人）的忠誠」，這是存於眾人心中的「道德紐帶」。就連竊盜集團的宵小，也都具備對竊賊老大的忠誠心。

然而在日本，忠誠心與武士道的名譽關係密切，新渡戶在書中十分強調這一點。黑格爾（德國哲學家）曾表示，在封建時代，臣民的忠誠是種針對個人的義務，是建立在不公平道理下的束縛。

這樣的論點要是成立的話，那麼封建式的忠誠心理當隨著「人皆生而平等」的觀念落實而逐漸消失才對。因此，新渡戶認為日本人心目中的「忠義」觀念，幾乎不存在於其他國家的人民心中。

對於「忠義」的不同詮釋

忠義

在西洋……
是個人為了國家或所屬的合法權威出生入死

在日本……
是武士在面臨「該選擇國家或自己的家庭、家族」時，感到忠孝難兩全的苦惱

這是因為日本的「忠義」觀念，是其他國家尚無法企及的先進思想。

在日本，人們會把對主君命令的絕對順從與對落魄主君克盡忠誠的行為，視為武士的名譽之舉。

忠孝難兩全

西洋的個人主義認同父子與夫妻之間具備個別的利害關係。新渡戶把握住這一點，表示「在武士道精神中，家族與其成員之間的利害關係是密不可分的」。

所以，武士毫無疑問地可以為了家庭、家族而貢獻生命。甚至為了守護家族的名譽，甘願接受主君的命令捨身戰鬥，乃至於戰死沙場。

新渡戶在書中敘述，西洋地區受到希臘哲學的薰陶，認為個人必須為了國家或所屬的合法權威出生入死。但在武士道的觀念中，並沒有國家是唯一權威的想法。因此武士往往會面臨「該選擇國家或家庭、家族」的難題，也就是所謂「忠孝難兩全」的課題。

行文至此，所介紹的是新渡戶在其著作中所描述的武士道教誨。新渡戶在《武士道》第十章以後，就參雜了與西洋人的比較，記述武士的日常生活等。本書在開始介紹這個部分之前，先將新渡戶心目中的武士道道德全貌加以統整，並指出當中的問題所在。

中國式的新渡戶武士道

◆過度受重視的儒教與朱子學要素

《三國演義》、《水滸傳》與武士道

新渡戶描述的武士道道德，是由「義」、「勇」、「仁」、「禮」、「誠」、「名譽」以及「忠義」所構成。看到這樣的論述，我想應該會有不少人覺得新渡戶口中的武士道含有強烈的中國色彩。

「義」之類的詞彙是儒教用語。喜愛中國歷史小說《三國演義》或《水滸傳》的讀者，應該都會注意到小說中登場的英雄人物，其行為皆與武士道有著共通之處。

《三國演義》的主角劉備身為一名「仁義」兼備的優秀人物而受到眾人追隨；《水滸傳》別稱《忠義水滸傳》，文中的主角一百零八名好漢，便是聚集在名為「忠義堂」的場所。

新渡戶雖然採用朱子學的用語向西洋人說

武士道的宗教背景

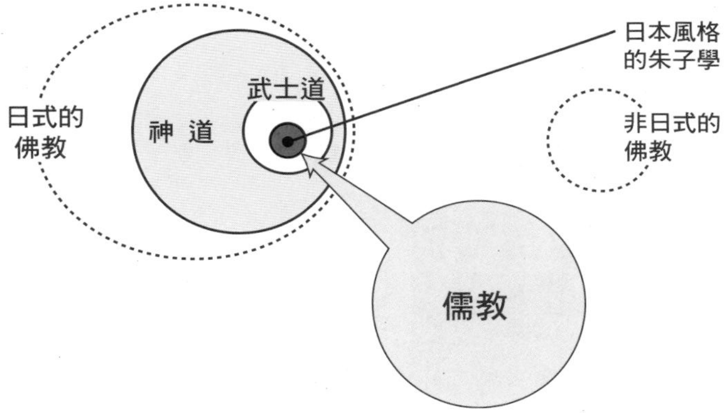

明武士道，但在江戶時代，絕大多數的武士（不包括幕府及大名的御用學者等部分喜好儒教學說的人）並未將「義」等德目視為自己日常生活的規範。我不免懷疑他們把合乎日本「義理」、「人情」的生活方式，以及符合江戶風格的「粋」❶的言行舉止視為一種理想。

武士道思想的組成

新渡戶將武士道的道德分為承自神道的部分、承自佛教的部分以及承自儒教的部分（請參照第15頁的圖表）。然而武士道的內容並沒有單純到可以如此整齊地劃分為三個系統。

武士道可說是日本獨特思想中的一部分，自古以來，日本就繼承了名為神道的獨特道德觀念，教導我們要「珍惜生命」、「感謝祖先、熱心地祭祀祖先」、「感謝自然的恩澤並珍惜自然」以及「人與人互助合作」等。

武士道不可能會否定這一點。畢竟做為日本的領導階級，武士不可能不遵守庶民所重視的神道道德。

傳入日本的佛教，則是在日本本土的影響下，成為提倡現世利益及祖先崇拜、近似神道的宗教。但武士道並未融攝佛教之中超過神道領域的部分，如天台宗或真言宗等密教（有高僧使用咒術的宗教）。

而儒教中受日本影響的朱子學，僅占據武士道世界的極小部分。在了解武士道思想的組成之後，接著就來看看新渡戶《武士道》的後半部分。

譯註：

❶江戶時代的一種美學意識，表示言行高雅瀟灑，還包括明白人情世故、懂得玩樂等含意。

第2章

新渡戶《武士道》的正確讀法②

日本人心中的「大和魂」與武士道的關係

新渡戶認為重視名譽及勇氣的武士道，儘管到了明治時代，也依舊傳承在國民心中，他同時闡述了日本急速近代化的成功與武士道之間的密切關聯。然而這一連串的說明中，究竟有何矛盾之處？

武士所進行的自我鍛鍊

◆武士必須提升的品性所指為何？

品性與武術的追求

在武士的教育訓練方面，新渡戶表示其最重視「提升自身的品性」，並認為品性乃是一種外在的美感。

換句話說，他們認為一名優秀的武士必須遵照禮儀規範，在日常生活當中展現優雅的舉止。

他們不會過於重視知識，但會將睿智（通透深遠道理的智慧）之人視為「智者」。因此「智（睿智）、仁、勇」遂被視為支撐武士道的三大支柱。

新渡戶在書中描述，武士不會沉迷於宗教之中，因為學習宗教知識，在日本是僧侶及神官的職責。他們將文學視為學問的消遣、將儒學視為確立品性的手段。

而身為武士所要學習的科目，包括劍術、弓術、柔術、馬術、槍術、軍事（戰略及戰術）、書道、道德、文學與歷史。其中大半都是武術，武士會經由學習各式各樣的武術而成為一名優秀的戰士。

生存在計算損益之外

新渡戶在書中表示，武士不學習算術，是基於武士道「不計較得失損益，甚至以虧損自豪」的觀念。關於這一點，西洋的戰士也有相同的看法。羅馬的勇士凡提迪亞斯❶曾經說過：「追求功名是戰士的德性，寧可選擇損失，也不要汙穢的利益。」

因此江戶時代以前，武士尊崇簡樸的生活，認為談論理財是卑賤的行為。所以江戶時代的諸藩主，都是將財政交由低階的武士或僧

武士道的三大支柱

智

非指「知識」，
而是通透深遠的道理

仁

愛、寬容、對他人的
同情、憐憫之情

勇

指「勇氣」，
也就是做正確的事

武士所學習的「科目」

劍術

弓術

柔術

馬術

槍術

書道

侶打理。

對武士來說，「實踐無償、無報酬的服務精神」是最光榮的行為。

喜怒不形於色的強悍

新渡戶在書中表示，武士會透過訓練獲得抑制憤慨情緒的頑強勇氣。並基於「禮」的觀念，被教導不能將自己的悲傷與痛苦表現出來，擾亂他人平穩的情緒。

所以日本人一般認為「武士不該將感情顯露在臉上」。

在日本，人們之所以會用「喜怒不形於色」的說法讚賞傑出的人物，也是因為武士道推崇「寡言」這項美德的緣故。語言在日本被視為一種「隱藏思想的藝術」。

西洋人對於日本人面無表情、就算被戳到痛處也依舊笑臉迎人的表現感到不以為然。但隨時隨地以愉快的神態面對周遭的人，對日本人來說是十分自然的行為。

日本知識分子不會在人前哭泣、憤怒，而是將自己的情感投射在和歌及俳句之中。新渡戶在書中就引用了加賀千代的和歌為例：

捕蜻蜓　今日欲往何方

這首和歌是其藉由想像自己早夭的孩子，因為老愛出門捕蜻蜓而不在身旁的情景，來緩和心中的悲傷。

讓心靈常保平靜

書中提到不太熟悉日本情況的西洋人往往以為「日本人忍耐痛苦的心理，以及面對死亡的淡定心態」，是因為他們的神經不夠敏銳。

然而（以新渡戶為首的）日本人卻認為這種堅定不移的「克己（自制）」精神有其必要，並無時無刻進行強化「克己之心（自制心）」的訓練。在日本，人們會將「克己」視為讓心靈常保寧靜的途徑。

在一番論述之後，新渡戶接著便將日本的切腹制度，歸結到這種注重克己的想法上。

譯註：

❶Ventidius，莎士比亞悲劇〈女王殉愛記〉中的角色。

武士為什麼要切腹？

◆切開「腹部」的特殊涵義

切腹的規矩

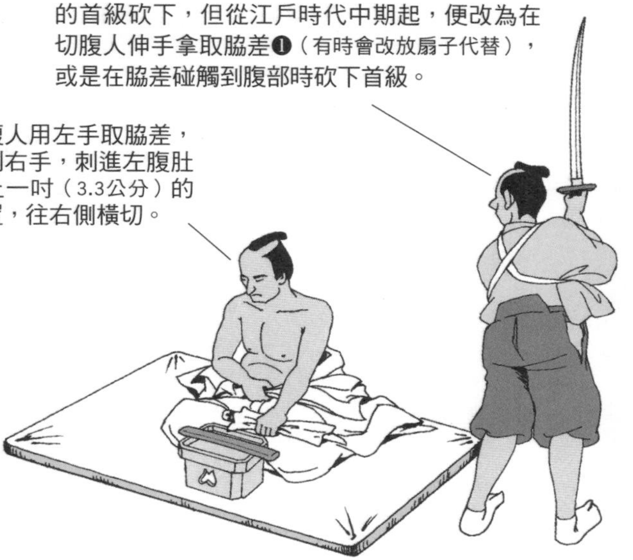
由於光是切腹只會延長死亡的痛苦，所以會由介錯人幫忙砍下首級。
介錯人原是在目睹整個切腹過程後才將切腹人的首級砍下，但從江戶時代中期起，便改為在切腹人伸手拿取脇差❶（有時會改放扇子代替），或是在脇差碰觸到腹部時砍下首級。
切腹人用左手取脇差，換到右手，刺進左腹肚臍上一吋（3.3公分）的位置，往右側橫切。

切腹的意義

許多西洋人的著作中，都介紹過「切腹、敵討」這種日本的特殊習俗。

在他們眼中，「把腹部切開的舉動是愚蠢至極的行為」。

但不論是哪一個民族，古時候都認為靈魂與愛情是寄宿在腹部之中。

因此，切腹人是基於「吾將敞開靈魂之座，敢請閣下端詳！是濁是清，就請閣下親眼判斷！」的主張進行切腹（這是新渡戶個人的想法）。

新渡戶根據這項論述，表示日本人認為切腹是一種光榮的死法，隨後切腹的制度成了針對武士的刑罰，其儀式也逐漸成形。

不怕死的名譽

實際上，也有武士會因犯下無謂的過錯而被命令切腹，或是年輕人基於血氣方剛而毫無意義地進行切腹。但能夠承受切腹痛苦的人，都會被讚賞是不怕死的勇士。

只不過，切腹並非是和武士道密不可分的行為。

在江戶時代，儘管切腹依照立法被視為武士的刑罰，但在這之前，切腹與否往往根據當事人的判斷。因此，城主在城池被攻陷之後，逃離戰場隱姓埋名的事例也不在少數。

切腹的行為以及賭命戰鬥的敵討，都被視為武士的名譽之舉，但隨著近代化刑法的施行，這些習俗也因此失去了蹤影。在這段敘述之後，新渡戶接著開始說明下一個項目——刀乃武士之魂的論點。

譯註：

❶長30～60公分的短刀，武士插在腰間的備用武器，僅於切腹時使用。

刀——武士之魂

◆刀並非只是用來砍人的武器

持刀代表……

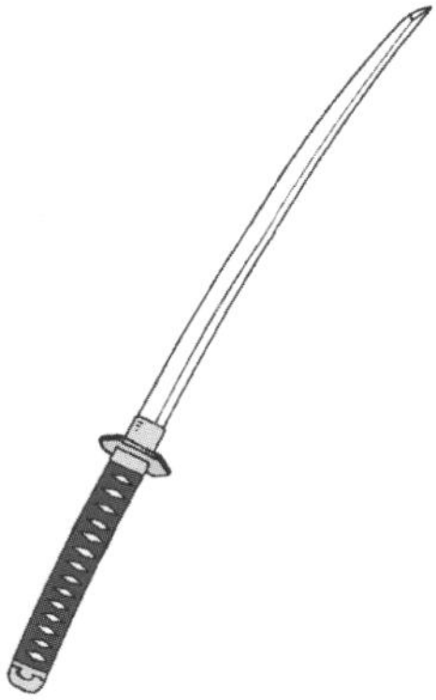

- 武士身分的特權
- 武士力量與勇氣的象徵
- 萌生自尊心及責任感
- 對刀無禮，就是對持有者的侮辱

↓

自然地做出無愧於刀的舉動

神聖的刀

新渡戶在書中寫到：「在武士道之中，刀象徵著一個人的力量與勇氣。」

持刀是武士身分的特權，武士的孩子自幼就會開始學習揮刀的方式。

武士會藉由持有這種危險的武器，培養自己的自尊心與責任感，即所謂「所持非刀，徒然而已」。

為何日本人會如此重視刀？新渡戶認為重點在於日本的神社、寺廟及名門望族會將刀視為尊崇對象並加以珍藏。

他指出，日本人往往對刀抱持敬意，對刀無禮，就是對持有者的侮辱。要是有人不經意跨過橫放地面的刀，就會遭受到悲慘的下場。

刀匠被視為傾聽神意的工藝家，刀匠工作

的場地則是神聖的場所。鍛刀者每天必須向神佛祈禱，在祓禊（以水潔淨身軀）之後方才開始工作。

日本人認為寄宿著「神佛靈氣」的刀帶有不可思議的力量，因此感到敬畏不已。

輕易拔刀的人是懦夫

刀並非是用來胡亂殺傷他人的武器。新渡戶在書中提到：「武士道強調要適當用刀，並嚴厲譴責不正當的用刀方式。」

輕率揮刀的人，將會被視為卑鄙小人或虛張聲勢之徒。

因為刀應當是用來實現眾人的究極心願——「和平」的工具。

勝海舟（幕末的政治家）曾在回憶錄中寫到：「就算是前來取我性命的人，我也會饒他一命，放他一條生路。」

在日本，人們認為「無血勝利才是最佳的勝利」。

只不過，新渡戶將這種崇高的理想視為僧侶及道德家的說教，武士則過著修習武藝的生活。他接著進入下一個項目，開始說明武家女性的生活方式，認為武士心目中的理想女性乃是不讓鬚眉的女中豪傑。

新渡戶僅僅把「注重和平」的言論做為一項前提。

我對武士道的評價，在這方面與新渡戶有著相當大的歧異。

武士是因為深刻了解自身的強大，所以才不喜暴力、追求和平。關於這一點，我會在接下來（第三、四章）詳細敘述。

武家女性應有的姿態

◆武士道真的輕視婦女嗎？

宜家而勇敢的武家女性

新渡戶在書中表示，武士會要求女性善於處理家務、養育孩子，展現出居家的一面，同時也會要求她們學習武術。婦女學習武術是為了教育孩子，學習才藝則是為了接待訪客。

這是根據武士道的男性本位主義而訂定的規範。武士道要求女性遵守的德目，也因此帶有男性的陽剛氣息。

武士的女兒會被教導要抑制感情、砥礪精神，並接受薙刀的訓練。女性一旦成年，就會被授予名為「懷劍」的短刀，她們被教導要在遭人玷汙以前，用這把刀了結自己的性命。

男女齊心協力建構家庭

身為日本的女性，女兒必須為父親犧牲，妻子必須為丈夫犧牲，母親則必須為孩子貢獻自我。

在此認知之下，新渡戶表示「自幼一直接受否定自我的教育」的日本女性，過的是「有如附庸般捨己從人的一生」。

儘管抱持著這樣的看法，但新渡戶同時也認為西洋騎士對於女性的服侍，儘管是尊重對方人格的行為，卻難以說是尊重女性的表現。

他並接著指出，武士在家中會以妻子等女性家族成員為重。

基於這一點，新渡戶表示西洋人認為「騎士服侍婦女，日本武士則輕蔑婦女」的評價是錯誤的觀念。

他以為騎士道與武士道對待女性的歧異態度，源自前者將男女視為獨立的個體，後者則將男女同樣視為家族成員的認知差別。

武士道對於女性的要求

平時

- 善於處理家務、養育孩子
- 學習音樂、歌舞等技藝接待訪客
- 「妻子為丈夫」、「母親為孩子」貢獻自我
- 培養優雅且開朗的性格

危急時

- 守候丈夫歸來
- 保護家庭
- 保衛自身安危

↓

同時勉勵習武，以防「萬一」

武家的女性要犧牲自我、守護「家庭」。
另一方面，武士在家則是以妻子為重

武士道與大和魂

◆為何會昇華成日本民族全體的理想？

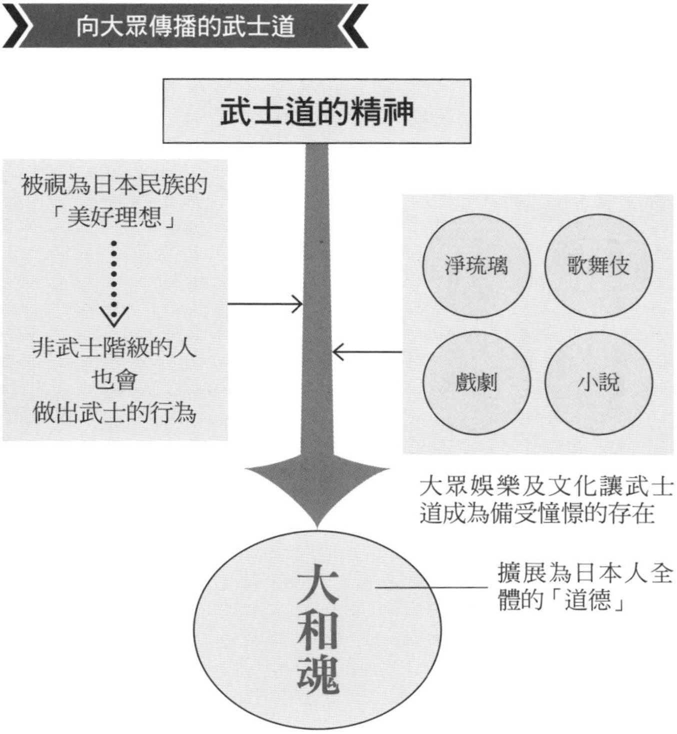
向大眾傳播的武士道
武士道的精神
被視為日本民族的「美好理想」
非武士階級的人也會做出武士的行為
淨琉璃
歌舞伎
戲劇
小說
大眾娛樂及文化讓武士道成為備受憧憬的存在
大和魂
擴展為日本人全體的「道德」

仿效武士生活方式的庶民

新渡戶在書中提到，「當初啟蒙於武士階級中的武士道道德體系，也吸引了不少一般大眾追隨」，意即人們經由各種形式的轉述，讓出色的侍的行徑（如《太閣記》中的豐臣秀吉等），成為日本民族全體的「美好理想」。

新渡戶認為不論是哪個階級的人，在行為及思考模式上都會受到武士道的影響。因此，日本的知性與道德可說是武士道的產物。

受武士道影響而形成大和魂

新渡戶在文中描述，這些繼承武士道精神的人之中，存在著「某種俠客般的領袖」。他們的部下會有如向大名宣示忠誠的侍，自行向領袖貢獻生命。而如「俠客」般的領袖，則會不時為民眾發聲，與身為統治階級的幕府及諸藩主抗爭。

如前所述，武士道會經由各種形式流傳到民間。因此新渡戶在文中表示，傑出的武士所採取的行動依據稱為武士道，而據此擴散滲透到全體日本人之中的道德，便稱為「大和魂」。

他指出櫻花被人們視為象徵大和魂的花朵，其美麗的容姿下不帶尖刺與毒素，而是維持著自然的姿態，隨時都能捨棄自身的性命（花朵）。基於這一點，櫻花遂被視為同樣具備正直、高潔的日本精神的代表。

新渡戶接著提出了一項疑問——櫻花會在某個時期凋謝飛散，那麼武士道是否也會如同櫻花一般，在近代化的潮流中逐漸銷聲匿跡呢？

隨後，他便進入下一個項目，考察日本西化與武士道之間的關係。

明治時代的武士道

◆支持日本急速近代化的榮譽心與其弱點

武士道與日本的近代化

Q.隨著近代化的發展，將不再需要武士道了嗎？

⋮

A.武士道轉化為稱為「大和魂」的國民道德，繼續傳承下去

Q.日本的近代化過程為何會如此快速？

⋮

A.靠著難以忍受被視為「劣等國」的「榮譽心」做為動力

新渡戶稻造的想法

日本的近代化與武士道

隨著江戶幕府的滅亡，武士統治國家的時代終告結束。

而仿效西方世界的日本近代化運動，也隨著明治時代的開始急速展開。

面對這樣的趨勢，做為武士規範的武士道，可說隨著日本近代的開端，淪為不被需要的陳腔濫調。

然而新渡戶在此引用勒龐（Gustave Le Bon，法國社會心理學家）的話表示：「個性上的優點與缺陷，是各個民族所繼承的特有遺產。」

這是他在闡述文化不論如何變遷，民族獨有的氣質都不會輕易改變的文章中所寫下的一句話。

根據這項論述，新渡戶認為武士道如今成

騎士道與武士道的差異

騎士道

最初的戰鬥形式是聚集一個騎士集團，彼此派出代表進行一對一的單挑。

↓

隨著中世紀的結束，邁向組成持有步槍的「常備軍」的時代

↓

雖然「騎士」沒落，其道德卻被納入基督教的教誨之中

武士道

隨著明治維新，日本不再有「武士」階級

↓

明治時代的陸海軍組織，是根據有別於武士道人際關係的原理所編制

↓

過去不符侍的價值觀的事物重新受到人們的重視

儘管如此，新渡戶依舊認為「武士道的遺產應當讓子孫傳承下去」

了名為「大和魂」的國民道德，即便到了近代也依舊為日本人所繼承。因此他在文中表示：「儘管基督教造就了嶄新的日本特性，卻未帶來顯著的影響。」

換言之，來自薩摩、長州等地、除了武士道外完全不懂其他道德教育的武士，乃是推動日本明治維新的主要推手，日本就是經由他們的努力，才得以建立近代社會、統整教育體系。

根據這一點，新渡戶主張儘管到了明治時代，日本的武士道觀念也依舊根深蒂固地深植人們心中。

榮譽心所孕育的愛國心

接著，新渡戶把日本得以急速近代化的原因，歸功於「日本人難以忍受被視為劣等國看待的榮譽心」，並認為這份榮譽心乃源於武士道。

他又提到，不少人看到日軍在甲午戰爭（一八九四～一八九五年）中展現出堅忍不拔的勇氣後，深感「世上沒有比日本人更忠貞愛國的國

民」，而日軍的這種表現也是源自武士道。

但另一方面，新渡戶也指出武士道輕視不具實踐性的知識，因此日本才沒有辦法發展出哲學思想。

基於這一點，新渡戶接著開始探討日本人「從武士道中學到了什麼？」替《武士道》這部日本人論進行總結。

武士道消失了嗎？

騎士聚集成一個集團，彼此派出代表進行一對一單挑的戰鬥形式，伴隨歐洲中世紀（十四～十五世紀）的結束而消失無蹤。人們迎接了以國王的名義組織而成、持有步槍的常備軍（具備確實的組織架構，並接受日常訓練的軍隊）的時代。

儘管騎士階級因此沒落，但他們的道德卻被納入基督教的教誨中繼續流傳。

新渡戶在掌握了騎士道的變遷過程後，接著提出以下的疑問——明治維新之後，日本不再具備武士階級。而明治時代陸海軍的組織結構，也是根據有別於武士道人際關係（藩的組織架構及主從關係）的原理所編制。此外日本的神道信仰並不具備吸納武士道道德並加以發展的力量。

既然如此，那麼武士道的道德是否可說「如同『將軍消逝，君王亦消逝』般，註定了滅絕的命運」呢？

武士道是日本不滅的教訓

明治時代以降，如民主主義等各種新穎的西方思想傳入了日本。許多在江戶時代因不符侍的價值觀而遭到輕視的日本傳統文化，也重新受到人們的重視。

然而，新渡戶認為武士道的優秀遺產——「名譽、勇氣以及一切武德」，乃應當讓子孫繼承的珍貴財產。

與廣泛流傳於世界各地的基督教相比，只受到特定日本人重視的近代日本武士道，宛如「風中殘燭」。但新渡戶表示，武士道的優秀思想應當做為日本人「不滅的教訓」，「其光芒與榮譽，將會超越這片廢墟，再度甦醒」。

為西洋人撰寫的日本人論

◆《武士道》消弭西洋人對日本人的偏見

在新渡戶所處的時代，部分歐美知識分子開始對日本感到興趣。這是由於日本以極快的速度納入近代工業，並在甲午戰爭中一舉戰勝泱泱大國中國的緣故。

在這之前，西洋人則認為東洋人全是「劣等民族」，一點也不在意他們的社會與文化。

所以新渡戶此時所提出的主張——「因為具備武士道精神，日本才得以邁向強盛的道路，避免被占為殖民地」，也就因此受到許多人認同。

回應西洋人對日本人的批評

新渡戶《武士道》的後半部，是作者針對平時耳聞的西洋人對日本人的批評，逐一回應歸納而成的文章。對於「日本人不擅長會計」的看法，新渡戶表示「這是由於武士認為賺錢是一種卑賤的行為」。

而對於「日本人沉默寡言又面無表情，讓人不清楚他們究竟在想些什麼」的印象，他指出這是因為武士將寡言視為美德的心態。

此外，針對「日本女性地位低下」的看法，他則表示日本女性乃是被當做家族的成員對待。

他更進一步解釋，日本武士切腹、敵討、攜刀遊走並不時拔刀相向的習俗，絕對不是野蠻的行為。

武士道是日本發展的原動力

在新渡戶的論述中有一點十分重要，那就是「武士道並非只是武士階級的所有物」。新渡戶在《武士道》的第十五章中記述，日本人全都具備以武士道為根基的大和魂。

新渡戶對「批評日本人的聲浪」所給予的解釋

西洋人對「日本人的批評」		新渡戶的解釋
日本人 不擅長會計 →		← 武士認為「賺錢」 是一種卑賤的行為
沉默寡言 又面無表情 →		← 武士將「寡言」 視為美德
女性地位 比西洋低下 →		← 武家女性被當做 「家族成員」尊重
會攜刀遊蕩， 並不時在爭執 中拔刀相向 →		← 並非野蠻行為，而 是藉由帶刀衍生出 自尊心與責任感

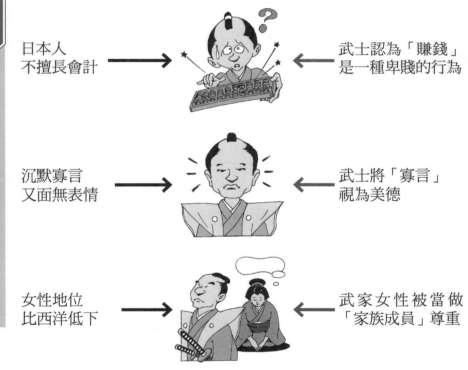

也就是說，新渡戶認為明治時代的日本人，不論是誰，都憧憬著正直且充滿正義感的生活方式，並積極地鍛鍊自我。而那些以新渡戶的著作為契機開始關注日本情形的歐美人士，隨即察覺到以下的情況。

在江戶時代，日本有不少農民與町人在町道場❶中習武強身，庶民的孩子也大半都會到寺子屋❷求學問。

隨後進入明治時代，在學制的統整規劃下，日本人的勤學心態更加提升（當時日本人的就學率並不亞於歐美先進國家），透過徵兵制所募集的日本士兵也組成了強大的西式軍隊。

在明白這些事情後，西洋人便理解到就連日本平民（武士以外的階級）也具有強烈的上進心。就這方面而言，新渡戶的《武士道》以西洋人可以理解的形式，闡明日本社會及思想的基礎，可說是一部極為優秀的日本論。

武士道源自於日本特有的道德

只不過，有關「武士道」與「大和魂」兩者之間的關係，新渡戶所提出的評價是否正確？若是如他所言，那麼就會變成是因為武士建立了武士道，進而導致以武士生活方式為榜樣的庶民道德水準提高。

但如前所述，事情並非如此。日本自古以來就傳承著一套自身獨有的道德觀念。

武士道要到平安時代中期，武士崛起並成為農村的統治階級後，才由武士們創立奠基。這是武士根據其已具備的傳統道德（神道），再強調當中的特定部分後所形成的道德思想。

為了讓讀者更加具體地掌握這一點，從下一章起，我會一面探討武士在歷史上的角色變化，一面介紹武士道的歷史，藉此闡明與新渡戶心目中的武士道多少有些差異的「真正武士道」的面貌。

在進入這項考察前，我將先在下個項目中，介紹歷史學家如何批判新渡戶的《武士道》，藉此更明確地掌握新渡戶想法的特點。

譯註：

❶在市內教授劍道或柔道的道場。

❷江戶時代庶民的初等教育機構。

新渡戶的靈魂吶喊

◆執筆時正值西歐列強進軍亞洲之際

津田左右吉的主張

- 新渡戶以為是「武士道」的東西，正確來講應該是「大和魂」
- 新渡戶的《武士道》只描述日本人高潔、美麗與勇敢的情操
- 武士道原本只是武士為求生存而彼此訂定的現實規範

換言之……

武士道是更加現實而且齷齪的東西

津田左右吉

東洋文化與武士道的混淆

如前所述，伴隨歐美列強統治殖民地的發展，西洋人輕視東洋的心態與日俱增。而英國在鴉片戰爭（一八四〇年）中大敗中國（清朝）一事，更加速了這種心態的成形。

歐美這種鄙視的態度，讓包括新渡戶在內的許多東洋人認為「不該把西洋文明當做唯一的高度文明，東洋也有東洋的優勢所在」。就這一點來看，他難道不是把非西洋的日本文化全部概括為「武士道」嗎？被他視為「武士道」的內容中，存有許多來自日本儒教（江戶時代的朱子學）的觀念。

如今可以發現在教導美國人柔道或空手道的道場中，同時也教授「柔道、空手道、劍道、針灸、氣功、禪學、書道」等課程。新渡

戶的《武士道》就是會讓人聯想起這類道場的著作，但經由這種教導東洋五花八門學識的道場，進而理解日本的美國人也不在少數。

武士道是一種理想或現實？

日本著名的歷史學家津田左右吉曾於明治三十四年（一九〇一年）在《日本新聞》❶上發表一篇文章（當時使用筆名「黃昏庵」）批判新渡戶。

津田在文中寫到，新渡戶視為武士道的東西，正確來講應該稱為「大和魂」。換言之，新渡戶的著作只是寫滿日本人高潔、美麗與勇敢的情操，並不是一本正確傳達武士情感的書籍。津田接著表示，「武士道」實際上是更加現實且齷齪的東西。

根據津田的論述，「武士道」是在戰亂時的無政府狀態中產生的概念，乃當時過著相當於流浪漢或地痞流氓生活的武士集團，為守護彼此安全所訂下的規範。所以「武士道」才會具備「俠客」的團結心，以及等同於俠義風範的特質。

到頭來，武士道是否真如新渡戶所言，可以稱之為「日本美好的情操」？或是如同津田所主張的，是「武士為求生存所訂下的現實規範」？

從下一章起，讓我們隨著歷史的洪流仔細地思考吧！

譯註：

❶創刊於明治二十一年（一八八八年），由日本新聞社發行的報紙。

第3章

未曾提及的武士道核心

做為農村領主的道義而萌生的武士道

新渡戶的武士道近似江戶後期受朱子影響的思想體系，但現實的武士道，是為了守護農民與統治農村而產生的「行動規範」。本章將解說在「武士」崛起與成長的平安鎌倉時代的武士道特徵。

「家族」的興起與武士道

◆古代社會中「武士的雛型」如何產生？

萌芽期的日本「家族」範例

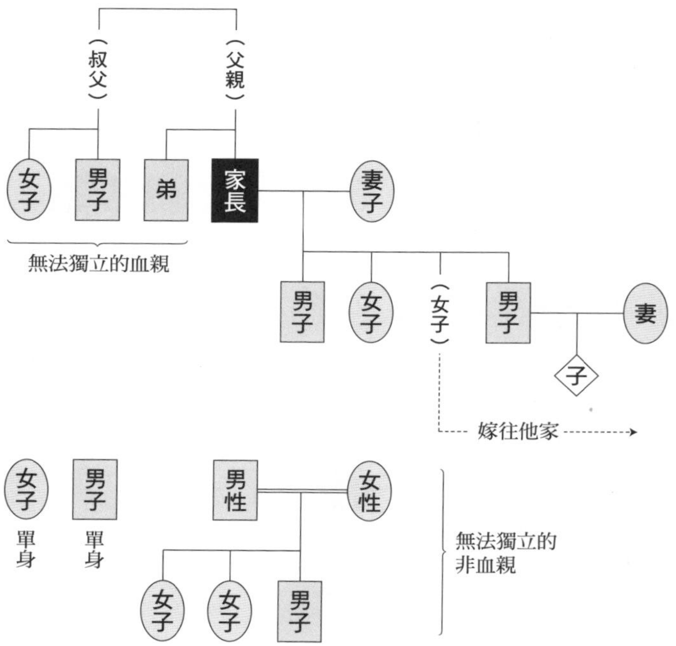

做為實際規範的武士道

如前所述，武士道分為思想層面的武士道與行為規範上的武士道。

新渡戶在《武士道》中介紹的武士道道德，是崇尚朱子學的知識分子所設想的思想層面的武士道，此外還必須考慮到這是存在於江戶時代末期的概念。

隨著武士的出現而誕生的原初的武士道，並非新渡戶所描述的觀念性事物，而是簡單且現實的行為規範。

而這原本是家長治理家族時的心得。

家長身為領導者的責任

在古代，庶民會以一到二百人左右的血緣集團為單位群聚生活，因為在當時，人們得聚

由血緣集團組成的古代聚落

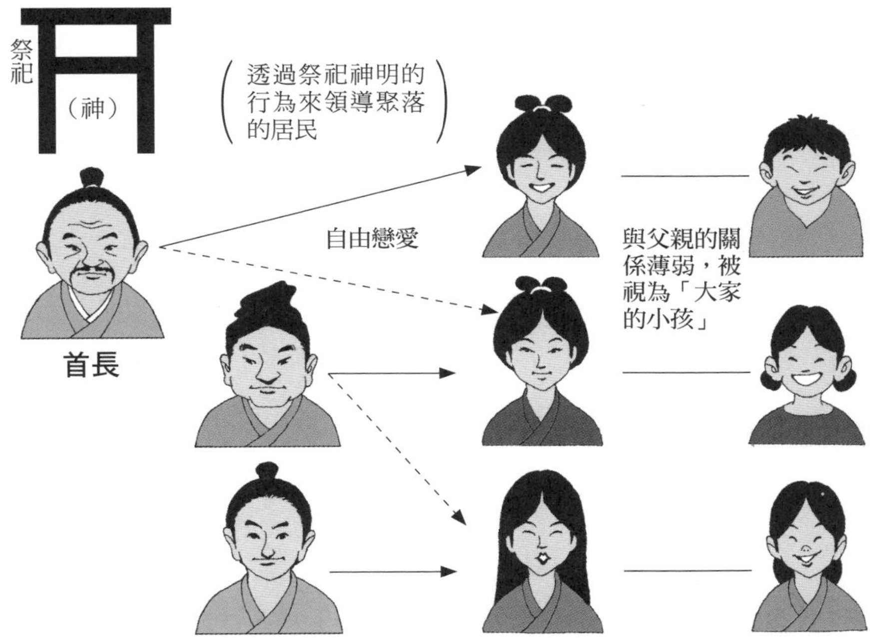
祭祀
（神）
透過祭祀神明的行為來領導聚落的居民
首長
自由戀愛
與父親的關係薄弱，被視為「大家的小孩」

集這麼多的人力，才有辦法經營好一塊農地。

然而，到平安時代中期以後，伴隨著農業技術的發達，遂得以落實小規模農地的經營。

而率先察覺到這股趨勢，並帶領自己的妻子與從屬於自己的血親、非血親族人一同組織家族的家長，也就隨之出現了。

「挺身保衛家族成員不受外敵侵擾，並確保他們的糧食來源。」

武士道就是根據家長在現實上的責任所形成的概念。因此，領導者應當具備的責任感，也就成為武士道的核心。接著，就來看看日本式的家族與武士崛起的關係。

從血緣集團到「家族」獨立

平安時代中期（西元十世紀）被視為日本史上重大的轉變期。當時受到日本式「家族」形成的影響，讓社會型態有了根本上的改變。

過去由一百人或二百人左右的血緣集團組成的聚落，成員們會靠著強烈的信賴關係彼此聯繫，過著極度排外的生活。男女之間進行自由戀愛，不受婚姻關係的束縛❶。聚落裡的小孩會被視為神明的賜予，由聚落全體成員共同扶養長大。

聚落居民會在擔任祭司的首長帶領下，一同祭祀聚落的守護神，遵守「神明的教誨」，過著重視人與自然的生活。

首長不會濫用權力，聚落成員彼此之間也不會起嚴重爭執，宛如過去日本神話所描述的，在日本眾神（自然）的庇佑下，百姓滿足於現有生活、無欲無求的時代。

興建家族的冒險者

在西元九世紀中期，朝廷具備的先進農業技術（如引取山泉水製作水田的土木技術等）開始在地方上傳播。就在土地開發隨之興盛、農村逐步邁向富饒的過程中，出現了脫離血緣集團自立門戶的家長。

這些興建家族的人，被認為破壞當時「儘管貧困也要與眾人平等生活」的價值觀。

而他們同時也是冒險者（浪漫主義者），主張「要獨占聚落中自己喜歡的女性為妻，並與妻子、跟隨自己的血親與非血親族人，一起過著有別於周遭的富裕生活」。

看在當時保守派分子的眼中，乃是「違抗神意」的舉動。因此當時的女性需要相當大的勇氣才能夠脫離血緣集團，以妻子的身分將未來託付給一名男性。

要是沒有能夠在關鍵時刻成為依靠、善於工作又精通武藝的男性，日本式的「家族」恐怕難以成形。

一旦這些才能出眾的男性接連脫離集團並興建家族，血緣集團也將變得無法自立。在這種情況下，弱小的男性只好加入其他人的家族，以獲得才能出眾的男性照料。

身為「家長領導者」的武士

只不過，家長一個人的力量有限，就算是強悍的男人，也會有想要依靠他人的時候。因此，率領諸位家長守護一座村落大小的土地，並擔任眾人指揮官的武士也就應運而生了。

就定義上而言，這類領導眾人的武士應該稱為「獨立家族聚集的村落中的小領主（本書為求行文簡便，將基於政治因素組成的聚落稱為「村

描述武士誕生的故事

①某位男性旅人抵達位在瀑布深處的「隱密聚落」

②該聚落居住著「猿神」，並計劃將首領的女兒獻祭

③男子擊退猿神，為聚落帶來和平

④男子穿戴狩衣、袴與烏帽，成為武士

⑤男子與首領的女兒成婚，領導聚落過著繁榮的生活

《今昔物語集》❷中有一篇「擊退猿神」的故事，描述勇士打倒了大猿猴。透過這篇故事可以明白，當時有許多來自京都且身懷武藝與主流學問、技術的外來者，取代了過去透過祭祀神明、代代統治聚落的首長而成為首領。

落」，並非如此的則稱為「聚落」）」。

古代的血緣集團首長只需表示自己「是根據神的旨意統領聚落」，將責任轉嫁到超自然的存在即可。

但家長與領導家長的武士，卻必須憑一己之力守護整個家族與村落。擔任這種新時代主導者的好漢（男性）們，為了克盡領導者的責任而不得不學習的規範，就是武士道的雛型。

如果不是一等一的人物，根本無法統率這些本領出眾的家長。因此，當一個聚落出現一名武藝超群的人物時，他就可能在諸位家長的認同下成為一名武士。

但由來自聚落外部的優秀人物擔任武士的情況也不在少數。

譯註：

❶即所謂群婚制度。子女由聚落居民共同扶養，每個人都可共同分享彼此的伴侶。

❷日本平安時代末期的民間故事集。

莊園制度的結構

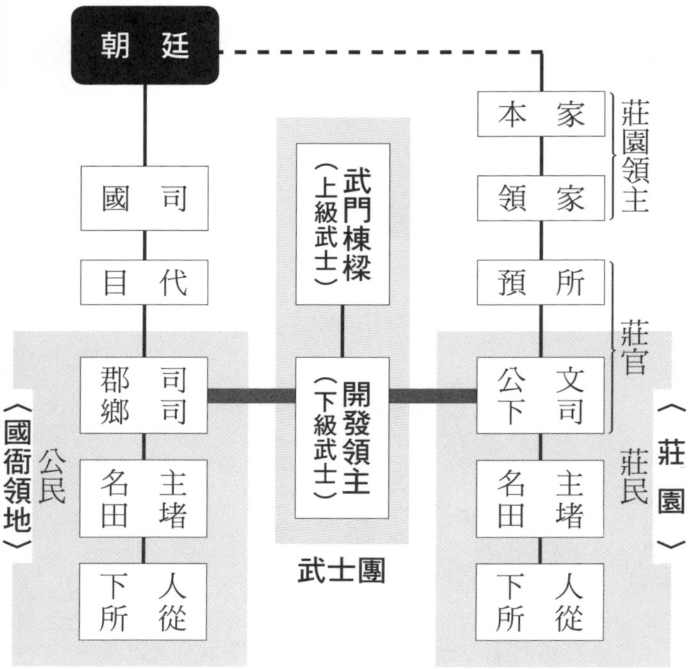

平安時代的村落與武士

◆以小領主身分統治有力農民的武士

莊園村落的誕生與武士的成長

西元十世紀，由於受武士統治的村落大量出現，讓朝廷決意改變原先透過設於國司底下的郡司領導聚落首長的國司制度，採用新的地方政治架構，莊園制度（許多中世史學家會依照當時的用語稱之為「名制度」，但本書為求行文方便，採用莊園制度一詞）遂應運而生。

武士的領地成為「名」（莊園村落），並分為受到國衙（國司所在的府衙）統治的國衙領地，以及屬於皇族、貴族、寺廟領地的莊園。

國衙領地的武士得向國司繳交租稅，而莊園的武士則要向身為莊園領主的貴族等人繳交租稅。

各地方的武士以對莊園村落的統治權受到公認為契機，建造起有護濠與柵欄的宅邸保衛村莊，開始急速成長為下一個時代的主導者。

孕育武士道雛型的莊園村落

身為小領主的武士地位十分不穩，一旦行為不端，底下有力的農民（家長）就會發起武力抗爭或是搬遷到其他武士的領地。

武士必須無時無刻向底下的有力農民展示「只要跟隨自己，就能過著安穩富裕的生活」。因此，武士勤勉不懈地鍛鍊體魄，以誠實的態度對待部下、幫助弱者，並避免會引起眾人反感的奢侈行徑。

而武士道的雛型——勇敢、樸實、正直與慈愛等道德，也就此出現在莊園村落的日常生活中。

在下一個項目裡，就來看看這個時代的武士誠實且勇敢的戰鬥方式吧！

以一騎討方式進行合戰

◆最初並非相互廝殺，而是一種接近競賽的行為

早期合戰的規矩

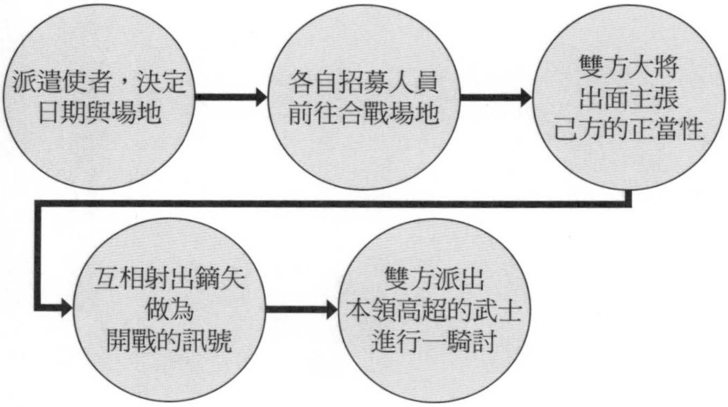
派遣使者，決定日期與場地
各自招募人員前往合戰場地
雙方大將出面主張己方的正當性
互相射出鏑矢做為開戰的訊號
雙方派出本領高超的武士進行一騎討

早期的合戰宛如「比武競賽」一般，是以一對一的騎馬打仗形式進行。

創立合戰的規矩

武士的武藝最初是用來從盜賊等外在威脅手中保護村落。

但隨著武士階級的成長，武士之間基於利害關係不得不以武力相爭的場面也跟著出現。

因此在西元十一世紀，人們創立了合戰的規矩，讓彼此能堂堂正正地以武力一決勝負。

合戰首先從派遣使者、決定日期與場地開始。

接著各自招募人員前往戰場，由雙方大將或其代理人出面主張己方的正當性。

在這個階段，雙方也能主動向對方求饒。實際兵力遠遠不及對方的大將，或許大多會選擇在戰前投降吧。

做為開戰訊號的「鏑矢」是什麼？

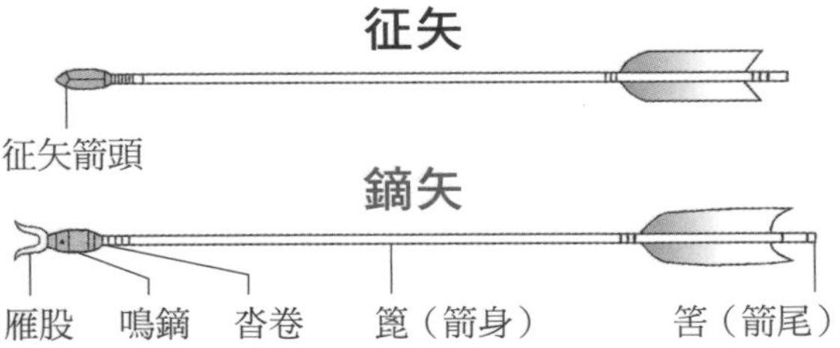

有別於戰鬥用的征矢，鏑矢的箭頭處會裝上用獸角、木材或竹根製成的球狀零件。這個球狀零件叫做「鳴鏑」（外觀類似蕪菁），內部呈空心狀，發射時會發出尖鳴聲。

一騎討的情形

到了戰國時代，戰場上的一騎討情況變得十分少見，但據說在川中島之戰（第四次）中，身為兩軍大將的武田信玄與上杉謙信就曾進行過一騎討。根據《甲陽軍鑑》❶所述，謙信當時單騎殺入信玄陣地，並揮舞太刀斬向信玄，然而信玄卻坐穩板凳，以軍配❷擋下了太刀的攻擊。另一方面，《北越太平記》❸中，則描寫一騎討是在沖積平原上進行，雙方騎乘馬匹以太刀進行對決（〈武田上杉川中嶋大合戰之圖〉部分，日本國立國會圖書館館藏）

如同競技比賽般的合戰

要是雙方依舊不肯退讓，就會互相射出帶有尖鳴聲的鏑矢做為開戰的訊號。隨後，其中一方的陣地就會走出一名本領高超的武士，在自報名諱後高喊：「有人敢與我一決高下嗎！」

接下來的戰鬥，是以一對一的騎馬打仗形式進行，雙方一起騎馬奔馳，並互相瞄準對方鎧甲的隙縫放箭。這種戰鬥就如同比武競賽，全身包覆著鎧甲的武士也鮮少發生戰死的情況。

在《今昔物語集》中，有一則敘述平良文（平將門的叔父，也是千葉家等家族的祖先）與源宛（與清和源氏❹無關，乃嵯峨天皇❺之子、源融之曾孫，以擊退羅城門鬼的傳說而聞名的渡邊綱之父）合戰的故事。

兩人雖率領數以百計的士兵在原野相遇，卻說：「就讓雙方大將進行一騎討❻，讓事情分個是非黑白吧！」然後在兩軍的見證下一決勝負。

故事中描述雙方儘管出盡奇招，但源宛卻盡數避開了平良文的箭矢，平良文也接連閃開了源宛的攻擊。僵持不下的兩人對彼此說道：「夠了，我們停戰吧！」就此成為莫逆之交。

武士之間一對一的戰鬥，也曾有過如此颯爽的場面。而武士一旦建立起組織，並基於組織的利害關係進行合戰時，就能看到他們兵不厭詐的一面。

在接下來的項目中，就來看看名為武士團的武士組織成立的經緯吧。

譯註：

❶描述江戶時代日本甲州地區的軍事專書。
❷指揮軍隊用的團扇。
❸別名《北越軍談》，乃江戶時代的軍事專書。
❹日本古代皇族賜姓貴族源氏的一支，不少著名武將皆出自於此。
❺日本第五十二代天皇，擅長詩文、書法，為平安三筆之一。
❻敵我雙方各派一員進行單挑，大多以騎馬形式進行。

團結戰鬥的武士

◆隨著國土開發一同成長的武士們

在地方上成長的武士們

伴隨武士於西元十世紀的崛起，日本全國開始以「名制度」的形式實施莊園制度。未幾，西元十一世紀的京都就開始施行攝關政治。此一攝關時代，正如紫式部《源氏物語》❶所述，乃是日本貴族文化的全盛時期。

然而，京都在攝關政治及其後的院政制度下的繁榮，可說是日本貴族政治最後的餘暉。

地方武士在這段時期的成長十分顯著。以西元十二世紀前期為中心的時代，被稱為「大開墾時代」。當時的氣候相當溫暖，所以各地都利用堤防或蓄水池進行大規模的水田開發。

攝關政治的結構

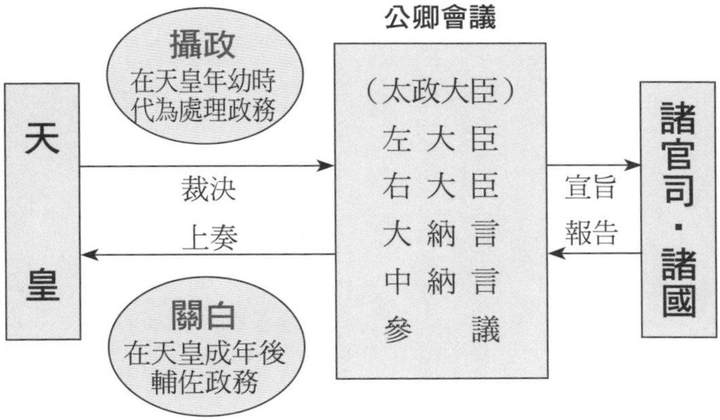

遠離京都的貴族們

其中落後的關東地區與東北地區兩地的發

展程度特別驚人。就在這個時代前後，許多中產貴族從京都下鄉到關東地區。

他們憑藉自身的財力，招募人力進行大規模開發，並占地成為武士。當中又以桓武平氏與清和源氏勢力特別強大，因而廣為人知。

這股趨勢，是由於藤原氏嫡派的攝關家等人獨占高官位置，讓中產貴族喪失出人頭地的機會所致。

西元十世紀，地方上的村落小領主（武士）採取互不干涉的形式共存。但隨著來自京都的新武士出現，武士之間的鬥爭也就愈演愈烈。

展開勢力鬥爭的武士團

在關東地區，也出現了平氏出身的千葉家、三浦家、上總家，以及源氏出身的足利家、新田家、佐竹家這些勢力遍及一國❷或半國的有力武士，無疑成為村落小領主的極大威脅。

在如此混亂的地方情勢中，武士們開始產生與同伴團結合作、藉此保住自身地位的念頭。這種武士組成的團體就叫做「武士團」。

有力武士會將眾多小領主納入旗下組成一個大武士團。此外，有的人也會聚集同族勢力組成一個小武士團。

眾多小武士團為了守護彼此的利益，基於對等關係而團結起來的情況就稱之為「黨」。

在大武士團的組織內部，接著便創立了規範上下倫理的關於忠義的道德。而在黨的關係之中，也形成了彼此應當遵守的各種規範。

就在這大大小小的武士團所展開的各種勢力鬥爭之中，源平戰亂的時代就此揭開序幕。

在《平家物語》❸等描述源平戰亂的戰爭故事裡，有好幾則耐人尋味的故事，述說著中世武士道的樣貌，這將在下一個項目中介紹。

譯註：

❶描寫日本平安時代的長篇小說。

❷日本古代的地區單位，相當於現代的都道府縣。

❸描寫日本鎌倉時代，平氏與源氏軍事鬥爭的故事。

❹率領武士團的勢力。

❺從屬於惣領下的子弟。

武士團的組成

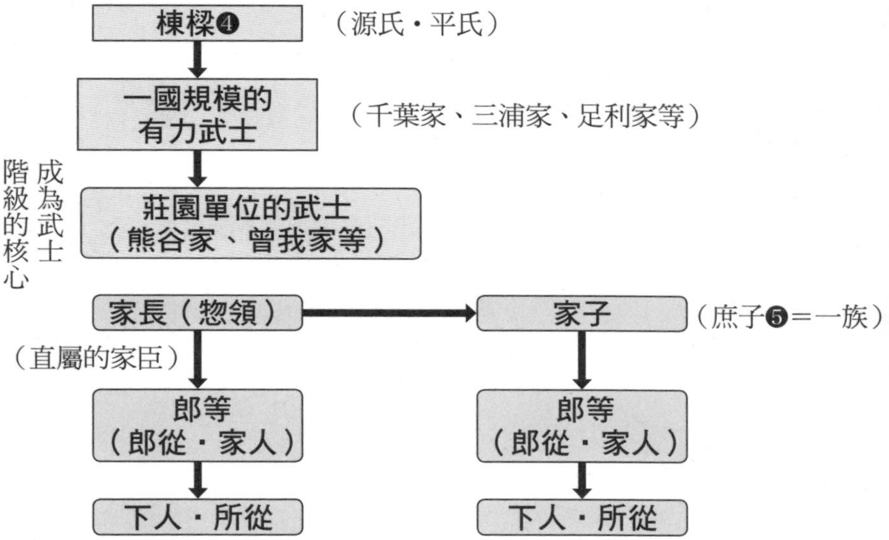
棟樑❹
（源氏・平氏）
一國規模的有力武士
（千葉家、三浦家、足利家等）
莊園單位的武士（熊谷家、曾我家等）
成為武士階級的核心
家長（惣領）
家子
（庶子❺＝一族）
（直屬的家臣）
郎等（郎從・家人）
郎等（郎從・家人）
下人・所從
下人・所從

關東主要的武士團

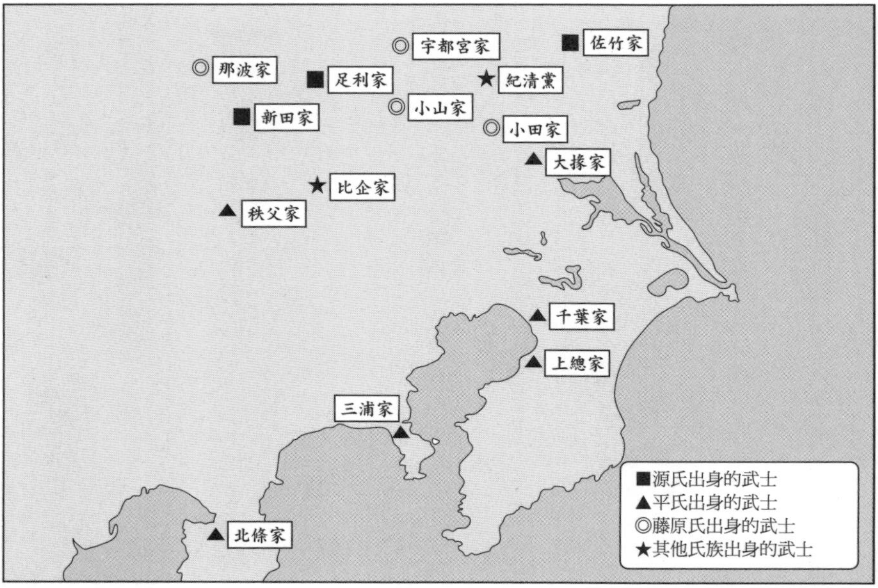
宇都宮家
佐竹家
那波家
足利家
紀清黨
小山家
新田家
小田家
大掾家
比企家
秩父家
千葉家
上總家
三浦家
北條家
■源氏出身的武士
▲平氏出身的武士
◎藤原氏出身的武士
★其他氏族出身的武士

靠御恩與奉公建立關係的武士團

◆重視與農民的關係更勝於主君的理由

賴朝的進軍路線與石橋山合戰

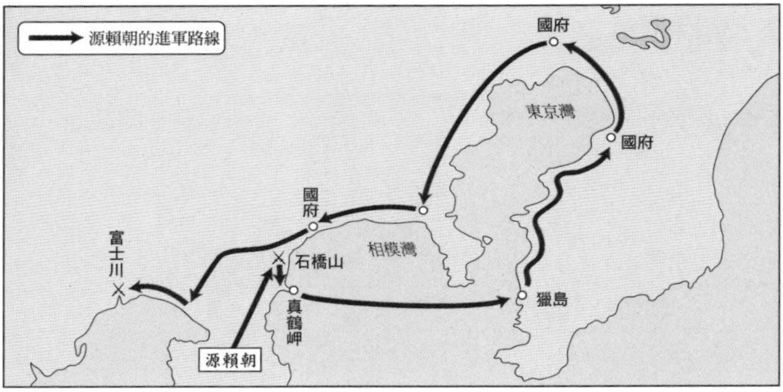

重視自己的領地勝過忠義

中世武家社會的主從關係可用「御恩與奉公」一詞概括。

這是當家臣受到主君的恩惠時，必須要用與該恩惠相當的物質利益等回報主君恩情的制度。

儘管在日本的戰爭故事中有許多讚揚家臣忠義的情節，但武士並未將「以生命侍奉主君」當做他們唯一的生存意義。對他們而言，最重要的還是自己所治理的莊園村落。

村落的小領主因為無法光靠自身的武力抵擋外敵，在百般無奈下「不得不低頭」接受有力者的庇護。

這些獨力經營整個村落的武士，會伴隨著責任感，在心中抱持著強烈的榮譽心與自立心。

所以武士們會優先考量自己與領地上的居民之間的關係，而將與主君等其他武士的關係放在第二順位。

無法治理領地的武士將會走上末路，就算主君肯以武力幫忙鎮壓反抗的有力農民，也不會協助武士召集四處逃散的領地居民。

服從給予利益者的武士

小領主為了經營自己的領地，會奉當時有能力的人為主君。

在《源平盛衰記》❶中有著以下這則故事，描述的是治承四年（一一八〇年），源賴朝揭起反平氏大旗時的情形。

當時，相模國的有力武士大庭景親為了討伐賴朝勢力而率軍大舉進攻，隨後源氏與平氏（大庭勢力）就在石橋山進行合戰。

這場合戰一開始，在雙方相互主張己方正當性的場景中，面對隸屬源氏的北條時政質疑：「你的先祖難道不是源義家（賴朝的祖父，同時也是為義的祖父）的家臣嗎？」景親是這樣回答的：

「我的先祖雖奉源氏為主君，但此一時彼一時，予我恩惠者方為我主。自源氏於平治之亂（一一五九年）沒落以來，平氏待我恩重如山。知恩不報，豈非木石？」

既然對方都說到這種地步了，時政也就難以責怪從源氏倒戈向平氏的景親了。

而這段話想必也忠實傳達了那個時代的武士心情。

在下一個項目中，就來談談在合戰中重視自身評價的武士生存之道。

譯註：

❶《平家物語》的增修版本。

尊重主君、愛惜名譽的武士

◆從愛惜性命的風氣轉變成愛惜名譽的風氣

武士團的合戰架構圖

▶10世紀（武士的萌芽期）

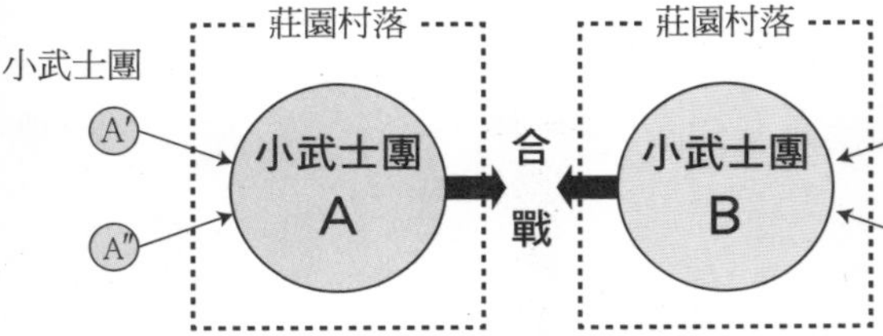

彼此會因為爭奪土地等原因，在親友的援助下展開殊死戰

▶11～12世紀（大武士團的成長）

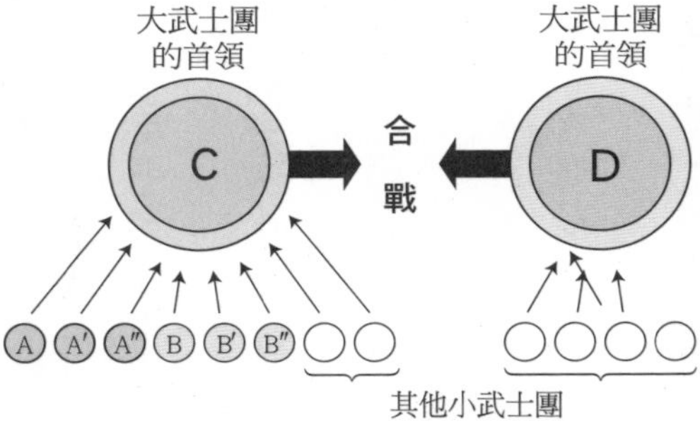

・如Ⓐ、Ⓑ那樣的小武士團之間的抗爭安定下來
・Ⓐ、Ⓑ會遵從Ⓒ的命令前往戰場。只要戰勝敵軍建立戰功，就會獲得主君的恩賞，但戰敗的話就一無所有，甚至可能喪失性命

讚賞從容就義的行為

武士之所以重視自己的性命，是考量到自己若是身亡，就沒有人可以保護自己的家族及領地居民。

話雖如此，但在平安時代末期大武士團成立後的大規模合戰中，是不允許武士（村落領主）在戰場上擅自行動的。小武士團之間一對一的戰鬥，是事關彼此生存的殊死戰。

但身為大武士團的成員之一，要是在合戰中不小心丟了性命那就太不划算了。不論是誰都會這麼想吧？

因此大武士團的首領等上級武士們，會讚賞己方軍隊中勇敢戰死的人，而視貪生怕死之輩為膽小鬼加以鄙棄，貫徹信賞必罰的行事方針。

流芳百世的勇者英姿

在《平家物語》等戰爭故事當中，經常可以看到以「知恥者戰死沙場，無恥者逃離戰場」的用語來描寫敗軍之姿。

但在源平戰亂的戰役中，處於劣勢的一方依舊有許多人落荒而逃，畢竟身而為人，都會想珍惜自己的性命。

但也正因如此，在己方軍隊陷入不利局面時依舊堅持奮戰到底的人，就會受到後代子孫的讚揚。

在《平家物語》中，出現過許多次這種場面，勇者往往朝敵方大喊：「就算是死，我也不會汙了自己的名譽！」此時敵方不但會讚賞其英姿，還會將他最後的姿態流傳後世。

就如同下一個項目將會提到的，這個時代的戰鬥是堂堂正正地進行，所以敵我雙方甚至會產生心靈上的交流。

武士在戰場上的涵養

◆唾棄「卑鄙取勝」的武士們

堂堂正正交戰的武士們

雙方會在互報姓名後進行一對一的戰鬥。兩人合攻或是從後方攻擊的戰略，都會被指責是「騙討」的行為。此外，用箭射擊對方坐騎使其落馬的策略也被視為卑鄙之舉

堂堂正正的武藝競賽

中世的合戰禁止各種卑鄙的手段，武士會在互報姓名後，進行一對一的正面交鋒。

兩人合攻或是從後方攻擊的戰略，都會被指責是騙討（趁人不備的卑鄙之舉）行為。合戰的勝負，是先用弓箭將騎馬奔馳的對手從馬上擊落的人獲勝，不能用箭射擊對方坐騎使其落馬或停下動作。

像這種需要高度技巧的一騎討戰鬥，一定是由武藝較高超者奪勝（要是雙方實力相當，就多少得碰點運氣了）。故戰敗者也會認為「自己是因為實力不足才敗陣」，因而輸得心服口服。

勝者會救助對方的性命，敗者則會在戰後投降並聽從對方的指示，這是一種如同現代運

源平合戰與義經

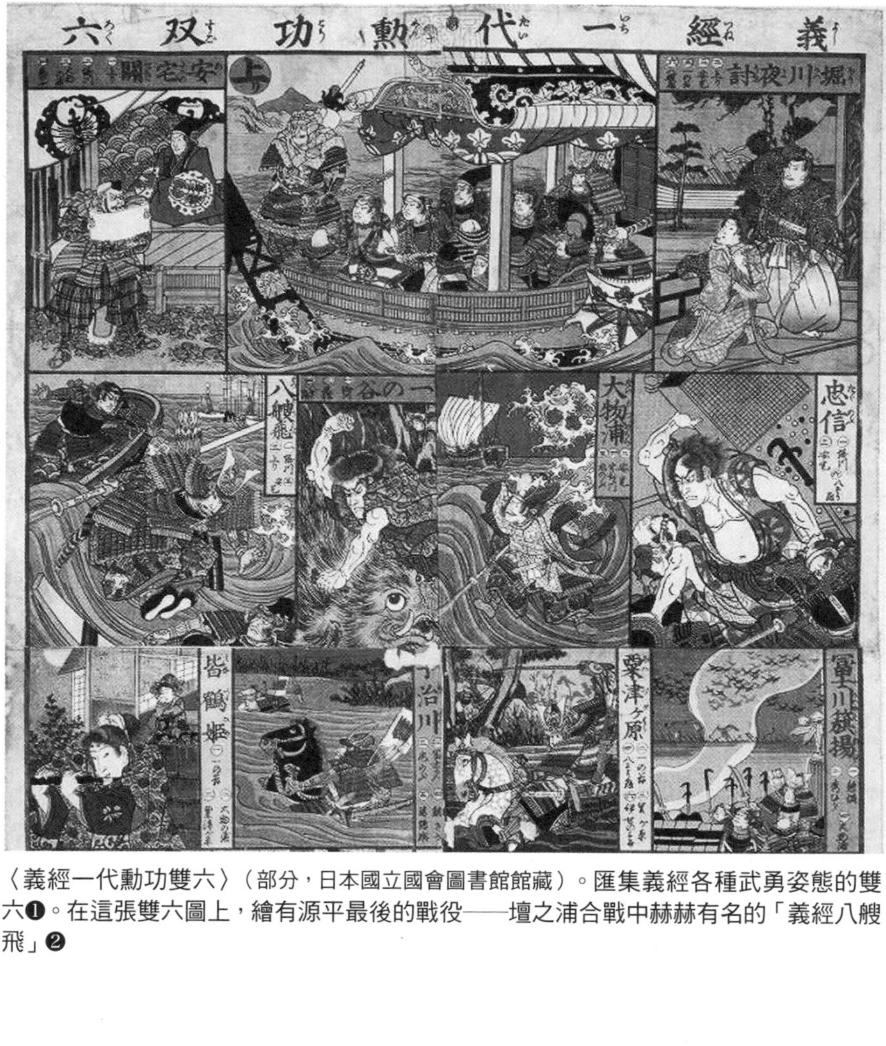

〈義經一代勳功雙六〉（部分，日本國立國會圖書館館藏）。匯集義經各種武勇姿態的雙六❶。在這張雙六圖上，繪有源平最後的戰役──壇之浦合戰中赫赫有名的「義經八艘飛」❷

動競賽般的戰鬥。

就如同前面提過的平良文與源宛合戰的例子，當雙方無法靠騎射分出勝負時，該場一騎討就會形成平手的局面。不過，雙方要是像源平合戰那樣，是在彼此懷有宿怨的情況下開戰，當騎射無法分出勝負時，就會接著採用劍術或扭打的方式對決。

在這種情況下，雙方實力的差距將更能明確地反映在勝負上。

由於進行的是一場如運動競賽般的戰鬥，所以中世的武士就算面對敵人，也不會吝於讚揚對方的武勇。

千夫所指的騙討行為

在壇之浦之戰（一一八五年）時，源義經用箭射擊平氏軍船的水夫（划槳手），使敵船喪失行動能力。在這項策略之下，平氏的船隻頓時淪為動彈不得的標靶，源氏軍船便趁機朝一艘艘敵船集中攻勢，贏得這場戰爭。

然而義經攻擊非戰鬥人員的舉動，卻遭到眾人的強烈指責。這一點毫無疑問地成為義經之後失勢的主要原因之一。

此外夜襲也被視為一種卑鄙的行徑。在崇德上皇派的武士與上皇之弟後白河天皇派掀起皇室內戰——保元之亂（一一五六年）時，隸屬上皇派的源為朝向眾人提議夜襲之策，但鄉下武士卻認為這是種卑鄙的伎倆而予以駁回，結果導致上皇派遭到天皇派的夜襲而潰不成軍。

這場源平之戰，可說是武士為了取代貴族掌控政權所掀起的戰爭。

在下一個項目裡，就來看看在這場戰亂後建立的鎌倉幕府，是以怎樣的形式來統治武士。

譯註：

❶日本傳統的桌上遊戲，玩家要依序擲兩顆骰子移動棋子，先抵達終點者為勝。

❷指義經在壇之浦合戰中接連跳過八艘船隻的壯舉。

從天皇統治到武家政權

◆「御家人」的確立，促進武士的道德發展

從小領主到家臣

在源平戰亂平息之後，緊接著在文治元年（一一八五年）十一月二十八日，擔任源賴朝使者前往京都的北條時政取得朝廷認同，獲得在全國設立守護及地頭❶的權力，而這項權力，正意味著武家政權的誕生。

過往，天皇被視為日本唯一的統治者，由天皇（朝廷）所任命的國司則全權處理一切地方政務。但從這個時候起，幕府所設立的守護就與國司同時掌控地方政治。

而形式上歸屬中央的莊園領主貴族，以及被視為寺社（寺廟與神社）家臣的莊園村落小領主武士，絕大部分也都從源賴朝手中取得地頭的地位，成為賴朝的家臣。

幕府統治的結構圖

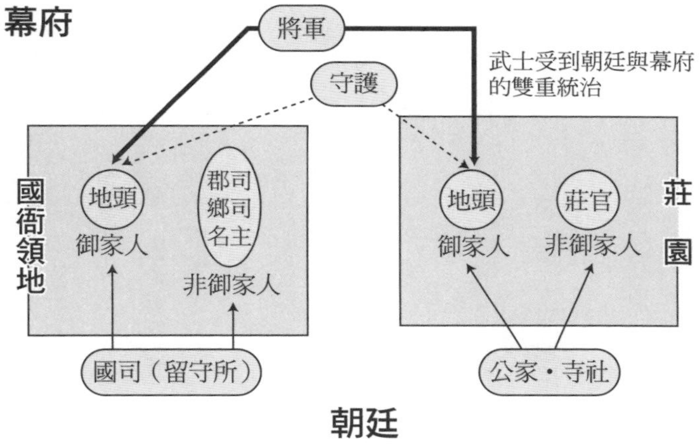

幕府與朝廷的雙重政權

在設立守護及地頭七年後（一一九二年），源賴朝出任征夷大將軍❷，開創鎌倉幕府，使自身地位更穩固。但當時幕府統治的勢力，僅能影響那些以東日本為中心分布的御家人武士，在西日本的武士大多還是聽從國衙的命令。

但在幕府的統治下，最重要的是人們不再依據朝廷制定的世襲身分，而是根據身為武士的能力來判斷一個人的價值。

鎌倉幕府所建立的武士階級

在鎌倉幕府成立以前，武士與庶民之間的區別十分曖昧。

莊園村落的小領主無疑是武士階級，但在他們底下，還有許多可稱為上級農民的家長。他們皆配有武器，在必要時，某些人還會跟隨小領主前去參與合戰。因此，從外在及行動上來看，實在難以辨別誰是武士、誰是農民。

源賴朝為了改善這種混亂的情況而設立了御家人制度。也就是根據領地的地名，賜姓跟隨他的小領主，使其成為直屬於自己的武士。

至今為止，武士都是以「千葉」、「熊谷」等領地名為通稱，但在鎌倉幕府成立以後，這些通稱就成為代表武士身分的姓氏。

武士的道德——「弓馬之道」

如此一來，與御家人階級相當的非御家人，便為了與御家人抗衡而自取姓氏。

因此人們就將「具備姓氏的人，以及與其有主從關係的人」視為武士。

而基於言行舉止必須要比庶民出色的想法，武士們隨即整理出一套武士應當遵守的道德，稱為「弓馬之道」或「弓矢之道」。這是由重名譽、知廉恥、正直、胸襟寬闊、幫助弱小等個人的生活方式，以及重視一門一家的牽絆、捨己為主的精神等社會性內容所構成的規範。

譯註：

❶地頭是直接管理土地及百姓的地方官，守護則是負責監督地頭的軍事指揮官及行政官。

❷武家政權的最高領導人。通稱幕府將軍或簡稱將軍。

「弓馬之道」的內容

《詳說日本史》 （山川出版社刊行的日本高中參考書）	・注重武勇 ・有捨己為主的精神 ・重視一門一家的榮譽與知恥的態度
《國史大辭典》 （吉川弘文館）	・具備弓箭的相關知識與技術 ・注重以主從關係為中心的一門團結 ・重名譽、知廉恥 ・重視正直之心 ・胸襟寬闊
作者的想法	・要有守護家族與領地居民的責任感 ・過著正直的生活，獲取眾人的信賴 ・以關懷的心對待家族及領地居民 ・要知廉恥，並努力避免負面評價 ・勤勉武藝，以防外敵 ・為使領地繁榮富裕，要學習先進的農業技術，並招募商人與工匠 ・為守護領地不受外敵侵犯，要注重一門一族的牽絆及主從關係

借助武家之力，邁向一統全國之路

◆依照合議及法律公平施政的北條家

輕蔑武士的公家

平安時代的貴族會輕視身分地位不及自己的武士，嘲笑他們是「粗人」、「鄉下人」、「不懂禮儀」等，無法理解他們的武士道道德。

許多文獻記載顯示，當時的貴族經常暗地裡欺辱武士。平忠盛（清盛之父）受到鳥羽天皇賞識而飛黃騰達，卻也引發上流貴族的不滿，他們在宴席上高唱：「伊勢的瓶子可是裝醋的罐子（伊勢的平氏有隻歪眼睛）❶」來嘲弄忠盛。

在平安時代末期以前，武士們儘管遭受輕蔑，也依舊尊重出身高貴的貴族。但自鎌倉幕府成立後，武士一派也開始辱罵公家（為求行文簡便，本書將成立武家政權的鎌倉幕府以前的貴族稱為「貴族」，之後的則稱為「公家」）為「膽小鬼」、「光說不練的人」。

在承久之亂中掌握實權的幕府

後鳥羽上皇為了打倒幕府而舉兵討幕（承久之亂，一二二一年）。當時，幕府實力最強的是北條義時（時政之子），故上皇派加以利誘，意圖拉攏跟隨他的有力武士三浦泰村。

然而，泰村卻道：「誰會想待在小白臉的公家底下做事？」回絕了上皇派的拉攏，與北條義時一同組織反朝廷的軍隊。因此，上皇一派在承久之亂中敗給兵力遠高於自己的幕府軍隊，自此幕府的影響力就開始滲透到西日本。

承久之亂後，幕府任命的地頭權限漸趨強化，承久之亂前的地頭被稱為本補地頭，之後新增的地頭則稱為新補地頭。

未幾，政治實權也轉移到武家政權手中，朝廷淪為不具實質功能的裝飾品。主要是因為幕府施行下述的德政，獲得眾人支持的緣故。

深得信賴的合議制

將時間稍微往前拉一點，鎌倉幕府的源氏將軍只有賴朝、賴家、實朝三代，此後便是由輔佐將軍的北條家在運作幕府。

承久之亂即是後鳥羽上皇在源實朝逝世後，為動搖並推翻幕府所掀起的戰爭，可惜這個計謀以失敗告終。

北條家並未施行過去由將軍獨攬大權的獨裁制，而是透過有力的御家人組成合議制，採用聽取眾人意見施政的方針（執權政治❷），因而深得御家人的信賴。

武家政治的楷模

貞永元年（一二三二年），北條義時之子泰時制定了幕府基本法——「御成敗式目」。這是將武士社會中名為「道理」的習俗與道德，歸納成五十一條簡明條例後制定而成的法律。

當時朝廷頒布的法律——「律令」中的條文艱澀難懂，只有人稱明法家的部分法律專家才能理解。因此泰時便想改善這種「懂法律者」可隨意欺瞞「不懂法律者」的形式，頒行人人都懂的法律條文，施行公平且迅速的審判。

北條泰時的生活簡樸且勤施德政，後世因此讚許其治世乃是「武家政治的楷模」。據聞泰時在繼承父親義時的遺產時，分給弟妹的財富甚至遠超過自己所得的部分。

此外，在遭逢大饑荒之際，泰時還靠幕府擔保窮苦農民的負債，讓富農出借米糧給貧農過活。他所奠定的公平政治，隨後成為歷來執權代代相傳的傳統。

在下一個項目中，就來看看武士在這種執權政治下的日常生活吧。

譯註：

❶日文雙關語。因平忠盛長年居住伊勢，加上其眼睛一大一小，所以就用伊勢生產的瓶子粗糙，只能用來裝醋這件事暗自譏諷他。日文中瓶子與平氏同音，醋罐子又與歪眼睛同音。

❷由輔佐將軍的執權（協助治理政務的職位）掌控幕府實權的政治型態。

北條家族譜

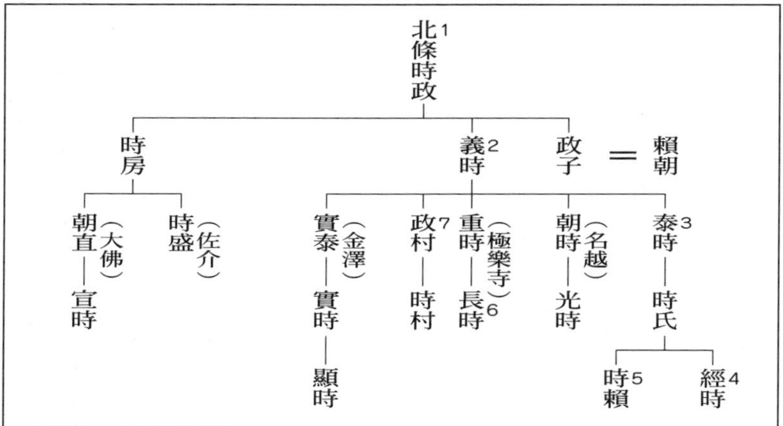

※數字為擔任執權的順序

承久之亂的幕府軍進軍路線

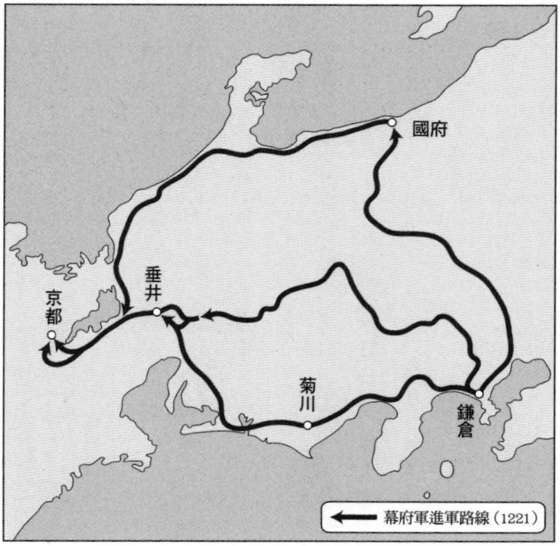

御成敗式目

制定	貞永元年（1232）
基準	仿效賴朝時代的政治與裁判 武家社會的道理（習俗與道德）
目的	公平審判御家人或御家人與莊園領主之間的糾紛
適用範圍	幕府的統治領域（朝廷採用公家法，莊園領主採用本所法）
內容	・御家人領地爭論的基準 ・御家人領地繼承、讓渡的規定 ・關於犯罪的刑罰 ・守護與地頭的職責等

鎌倉武士的日常生活

◆儀容打扮及飲食生活的情形

武士的髮型

茶筅髷

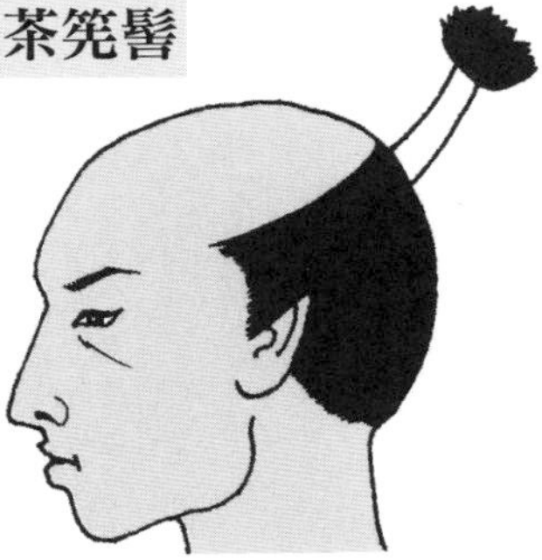

中世時期，一旦戰爭時間延長，頭髮就會悶熱不堪，所以武士會剃掉額頭到頭頂部分的頭髮（月代）。
之後月代的面積漸漸擴大，最後甚至占了頭部的三分之二以上。
以此為契機，武士便將頭部後方的頭髮用絲線纏繞豎起，形成茶筅髷。

本多髷

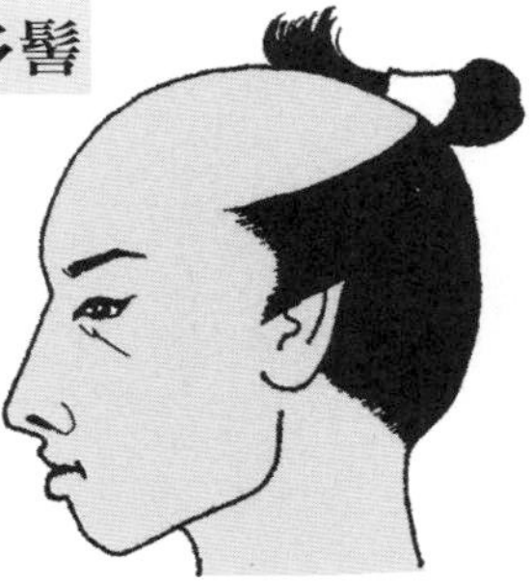

隨著時代推移，武士開始使用鬢付油❶固定髮髻，並向前壓放在月代上方。
而原為本多家武士偏好的本多髷（將髮髻分成前三分、後三分，再用紙捻纏繞髮髻七圈，會大幅剃掉頭頂的頭髮），在江戶時代中期及後期也在一般大眾間廣為流行。

當時流行的直垂

鎌倉時代的武士大都與農民一起生活在農村，他們會在離農民聚落稍遠的河邊高地等適合防禦外敵的地點搭建宅邸居住。

這個時代的武士正式穿著，等同於平安時代貴族的便服，同時也是下級貴族的正式服裝——水干與直垂。

鎌倉時代初期，儀式中的正式穿著以水干為主，但中期以後採用直垂的風尚普遍傳開，直到戰國時代初期皆然。

髮髻的起源

綁髮髻的習慣在中世的武士之間廣為流行。這種習慣來自武士為了降低戴頭盔時的悶熱感，而剃掉額頭到頭頂的部分。剃髮的部分形成宛如弦月般的半圓形，故稱之為月代。

可是只剃掉頭頂的頭髮看起來實在不甚高明，因此武士們就把頭部後方的頭髮綁成髮髻，用以裝飾。

當時武士的飲食十分簡樸，如北條時賴（泰時之孫）與親戚大佛宣時兩人喝酒時，就只用小碟子裡的味噌當下酒菜，從這類故事中便能看出這一點。

不過在鎌倉幕府平穩的統治下，藉由各地武士的領導，農業蓬勃發展。像是把小麥做為稻米的次要作物而種植雙作物等，農民開始嘗試新的農業技術，而此時的經濟發展也引發了接著將要提到的南北朝戰亂，以及室町幕府所建立的嶄新政治型態。

譯註：

❶用木蠟、菜籽油與香料攪拌製成，用來固定髮型的髮油。

❷用來綁結的細繩。

❸衣領從肩膀垂放到胸前兩側，再將其交錯於胸前，形成V字領的衣物。

❹現代和服的原型。袖口較小，衣領會在胸前交錯，並在腰間繫上衣帶。

❺公家的正式服裝之一。在鎌倉時代，地位較高的武家女性會披上好幾件袿。

鎌倉時代的武士與武家女性的服裝

水干

是與袴一起穿的衣物，下襬會塞進褲裙中。以絹、布、紗等材質製成，原是庶民的便服，鎌倉時代以後成為武家的正式服裝。

直垂

綁上兩條結紐❷穿著的衣物，也可多穿一件衣領交錯於胸前的垂領❸。原是下級官吏、地方武士與庶民的便服。

衣袴姿

身穿小袖❹搭配袴，上頭再披一件袿❺的姿態。自平安時代傳承下來的袿帶有禮服的含意，因而成為武家女性的服裝。

打掛姿

在繫上衣帶後，多披一件較長的小袖，是武家婦人在秋天到春天這段期間的正式服裝。而在江戶時代，富裕的商家也會如此穿著。

在南北朝動亂中成長的有力國人

◆在烽煙四起中誕生的新勢力

有力武士的勢力鬥爭

鎌倉幕府的統治，是以治理莊園村落的小領主各自為政並相互共存的形式為前提。幕府不會干涉武士統治領地的方式，所以莊園村落會依照各武士所制定的個人法規治理，呈現「小型獨立國」的情況。

武士們會尊重幕府，以避免發生武力鬥爭。當出現土地爭執時，他們會請求鎌倉幕府介入，遵從幕府的裁定以解決問題。

然而，在鎌倉時代中期以後，隨著農業及工商業的發展，部分武士急速富裕起來。這些武士們征服或驅逐周遭的武士，竄升為統治數十個村落的強大勢力。

南北朝的戰亂，表面上看來是天皇派與幕府派的戰爭，實際上卻是這些新竄起的武士以國為單位，分成兩派所進行的勢力鬥爭。

掌握權力的守護大名

在南北朝的戰亂中，村落小領主階級開始沒落，各地陸續出現名為國人的有力武士，按江戶時代的說法，這些統治一千石到數千石土地的武士們，使日本呈現群雄並立的局勢。

而以國為單位統御這些國人的守護大名，也就跟著掌握了權力。

此即稱為「守護領國制」。儘管室町幕府即是誕生於此一體制之下，室町時代卻也淪為將軍、守護大名及國人三者頻繁引發勢力鬥爭的動盪時代。

在接下來的章節中，將會敘述武士道在這個時代中的質變情形，但在開始說明之前，將先針對中世的武士道特性進行總結。

守護領國制

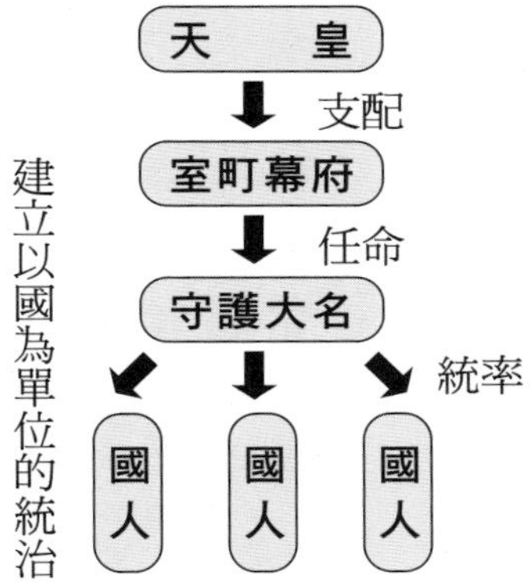

（國人＝比鎌倉時代普遍的御家人更有權勢的武士）

守護領國制即是身為室町將軍家臣的「守護」，在將國人納入旗下後，擴大勢力成為大名，如自己的領國一般，提高自己擔任國司的獨立性。

只不過若大名提出無理要求，國人可以發起「國人一揆」的組織進行反抗。

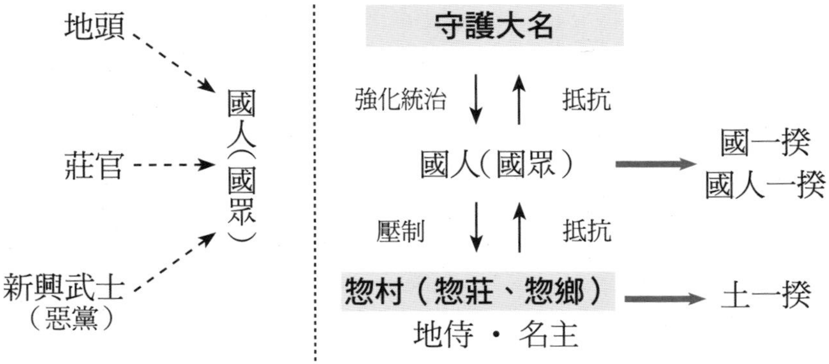

平安・鎌倉時代的武士道

◆將禪宗的教誨加諸神道的道德之上

腐敗的貴族政治

武士道是在平安時代中期（西元十世紀）伴隨武士崛起而誕生的道德思想，並在武士取代公家掌握政權的承久之亂（一二二一年）時完成大致的體制。

換言之，武士可說是在與貴族（公家）的政權鬥爭中，為了拉攏農民階級站在自己這一邊，才會遵守以簡樸、正直、自我鍛鍊等為內容的武士道生活。

貴族主張天皇是日本唯一的統治者，並固守在天皇身邊，藉由獨占高度文化來掌控政權。然而，漢文學、和歌、密教、律令等貴族文化，不但艱深難懂，且對庶民毫無益處。

此外平安時代中期，攝關家等部分上級貴族也開始獨攬權力、財富及文化。

儘管在平安時代初期，有能力的官吏會認真施行地方政治，但隨著平安時代中期攝關政治的成立，他們也開始瞧不起地方政治。

基於神道的道德領導村落

對此情況感到不滿的人便成為武士，意圖創造出一個嶄新的社會。他們會在村落與農民一同生活，農村也會在他們的帶領下逐漸邁向富裕。

此時的關鍵就是被攝關家等上級貴族驅離權力中心的中下級貴族，其大多轉型成武士，意即從天皇家分支出去的源氏及平氏成為了武家政權的主導者。就這一點來看，即可明白武家政治應當稱為貴族政治的分流。

成為農村統治者的武士們，會基於農村自古傳承的神道道德生活，以獲得農民的尊敬。

平安時代統治階級的變化與武士的崛起

▶平安時代初期的貴族政權

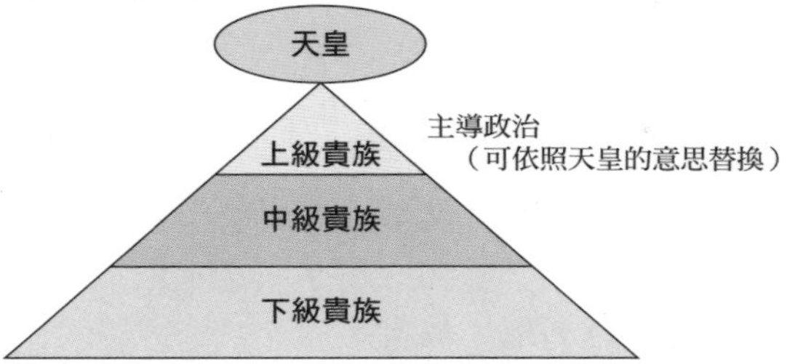

▶平安時代中期以後

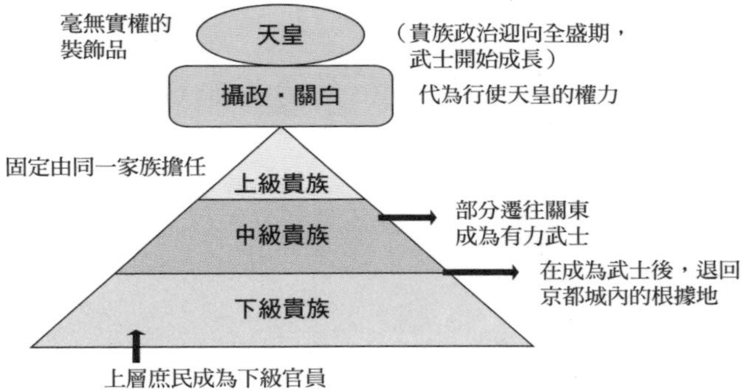

就這層意義而言，確實可說「武士道是基於神道所創造的道德思想」。

簡樸的鎌倉武士文化

日本伴隨著鎌倉幕府的成立，迎接了武士時代的來臨。在其發展的過程中，村落小領主將公家的文化帶到地方上，以共有的方式分享給庶民，進而讓人們開始崇尚武士偏好的簡樸且質實的文化。在這股趨勢中，地方上也發展出淨土宗、淨土真宗、禪宗（臨濟宗、曹洞宗）、日蓮宗、時宗等教義簡單易懂的鎌倉新佛教，讓曾是貴族專屬學問的佛教得以傳播到庶民之中。

此外並發展出平曲（琵琶法師所歌詠的《平家物語》）及繪卷物這類任誰都能輕易接觸的文學與藝術，而廉價的陶器也開始普及。

禪宗的嚴厲修行正好符合武士的風氣，因而讓許多有力武士心生嚮往，並將禪的教誨納入武士道當中，這一點同樣是不容忽視的關鍵。

如前所述，武士道是誕生於武士們「要與

鎌倉文化與武士之間的關係

中心地區	京都・鎌倉		
主導者	貴族・武士・庶民等		
特　徵	**公家文化**	**佛教文化**	**武家文化**
	繼承傳統文化 ⬇ 家業（和歌・有職故實❶）的形成	無常觀（一種看待事物的觀點，認為諸行無常） 鎌倉新佛教的誕生 （易行・選擇・專修）	武家社會的發展 戰爭故事・合戰繪卷・雕刻

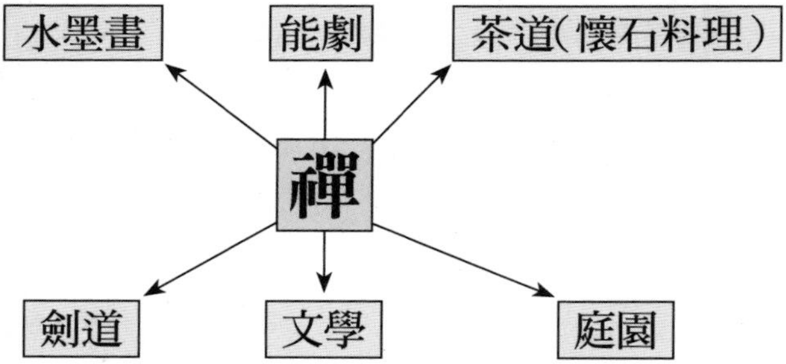

盛行於鎌倉武士之間的禪宗，也在京都的貴族間掀起風潮，進而衍生出以文學、美術、建築為首的禪文化。

庶民一同推翻貴族政權，創造出嶄新體制」的熱情之中。

就這一點來看，本章內容即包含理解武士道時最重要的核心部分，遺憾的是新渡戶的《武士道》對這個部分卻隻字未提。

在下一個章節中，將會詳述武士在室町時代後的勢力成長，以及當武士地位成為庶民難以企及的存在時，武士道隨之產生的質變。

譯註：

❶專門研究古代朝廷、武家禮儀、典故、官職、法令、裝扮、武具等知識的學問。

第4章

太平盛世下的武士實態

備受幕藩體制扭曲的武士道

武士道曾是獨立小領主行事的基準，但其性質在室町到江戶時期有了劇烈的改變，成為否定自立心、要求向主君宣示忠誠的規範。其中一環，便是強迫武士實行「切腹」與「敵討」……

於室町時代產生變化的武士道德

◆從「弓馬之道」演變為「禮、仁」的武士道

逐漸崩壞的「弓馬之道」

創立於一三三六年的室町幕府，確立了以國為單位的守護統治制度（守護領國制），此後，獲得經濟力量的將軍家（足利家）及有力的守護大名，便往京都聚集，仿效公家過著奢侈靡爛的生活。

其中甚至有人被稱為「婆娑羅（泛指違反秩序的用語）大名」，而受到世人的畏懼。

社會上一旦形成這種奢靡的風氣，具有勢力的國人就會為了從中得利，開始與中央政權站在同一陣線。

因此，他們會對治下的村落小領主課以嚴苛的稅金。

室町時代的村落領主，就在這種情況下漸次失去其獨立性，被國人納入家臣的組織之中。而村落小領主必須遵從的弓馬之道（請參照第75頁的圖表），也在室町時代喪失原本的意義，淪為徒具形式的道德思想。

身為大名家臣的涵養

室町時代初期，當弓馬之道還是貼近社會實態的規範時，新渡戶稻造在《武士道》中提出的「禮」與「仁」並未被視為武士的道德之一。

就算武士衣衫不整、言語粗俗，絲毫不懂「禮」為何物，但只要能在危急時保護農民，大家就會尊敬他這名領主。

小領主這種為了家族及領地居民挺身而出的情操，與憐憫全體人類的「仁」是截然不同的情感。

但是在以將軍為頂點，逐漸確立守護大

名、國人及小領主（低層的小領主後稱「地侍」）的主從關係過程中，小領主的自主性卻遭到否定。

而武士也是自此才開始重視對主君與上位者的「禮儀」，以及推崇關懷人民（對象不限於自己的家族與領地上的居民）的「仁德」。

失落的禪學精神

禪學原是一種透過簡樸的生活鍛鍊心志的學問。

但在室町時代的京都，人們卻藉由禪宗中的臨濟宗之手，衍生出奢華的禪學文化。

如足利義滿❶命人建造外牆貼滿金箔的金閣寺❷，便是與禪之心相距甚遠的禪寺。此外，室町幕府為了獲取最新的中國文化，還聘請了屬於知識階級的禪僧擔任官職。

因此學習禪學一事，在當時也開始轉變成一種獲取中國先進文明的手段。

室町時代的文化有別於鎌倉文化的庶民性格，可說是一種少數人獨攬財富的文化。

而武士們為追求富裕所採取的抗爭行為，遂引發了將在下一個項目中提及的戰國動亂。

譯註：

❶室町幕府第三代將軍。

❷原稱鹿苑寺，是臨濟宗相國寺派的寺廟，世界文化遺產之一。

戰國動亂與足輕戰術登場

◆喪失意義的「馬上武術」

反抗武家統治的農民

國人在將村落領主納為家臣後，就會在自身領地上建立牢固的統治勢力，開始增加稅收，使自己的家族興盛。而其領地上的農民便會為此聯合數個村落，組成惣村❶反抗領主。

這些惣村的領導人，過去大多是村落小領主或小領主底下具有武士身分的人物，因此他們有時還會引發國人與惣村之間的武力衝突（土一揆）。

此時的戰鬥並不像合戰那樣堂堂正正，而是集團對集團的集體混戰。

從一騎討到集團戰

為了鎮壓惣村的反抗，國人只好讓擅長戰鬥的家臣組成集團應戰。

反抗領主的農民

惣村
- → **強訴**……蜂擁而至，集體向領主提出訴求
- → **土一揆**……以武力反抗領主
- → **逃散**……全體一起逃離村落

（農民團結起來，一同反抗領主）

國人與惣村的衝突衍生出足輕的集團戰

於是，藉此獲得武力的國人為了追求更加富裕的生活，遂頻繁地掀起國人彼此間的戰事。其中實力特別堅強者，甚至還會竄起謀取一國政權的野心（盜國）。在這樣的情況下，全國性的戰國動亂就此展開。

在國人及大名間掀起的弱肉強食戰場上，武士們改採足輕戰術取代過去依照既定形式進行的合戰。足輕戰術是由手持長鑓（長槍）的步兵所進行的集團戰鬥，在這樣的戰鬥形式下，馬上指揮官的武藝優劣，對戰爭的勝敗幾乎毫無影響。

武士在與農民戰鬥的過程中領略了集團戰的成效，但這也讓武士特有的馬上武術失去了存在意義。最初採用足輕戰術的人，據說是以建築江戶城而聞名的太田道灌。

日本在戰國動亂後統一了國內勢力，並如同下一個項目所介紹的一般，經由接下來的掌權者豐臣秀吉之手，開始落實排除村落小領主的嶄新統治制度。

譯註：

❶由地方上的農民共同組成的一種自治組織。

在秀吉的太閣檢地之下農村面貌為之一變

◆在村落重組後喪失小領主身分的武士們

豐臣秀吉瓦解莊園制度

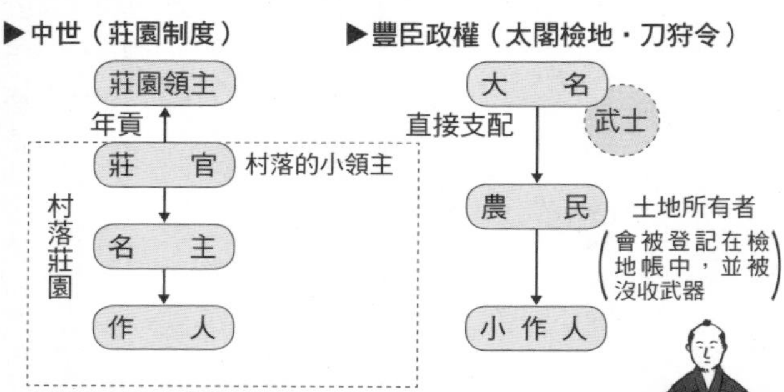

名主可由武士或農民擔任。
作人則是指擁有土地的農民及小作人❶。
在此情況下，武士與農民間的區別十分曖昧，會因權力關係而產生變化。

瓦解的莊園村落

到戰國時代為止，日本的土地是被眾多的莊園村落分割占據，各個村落會依照該地領主所制定的法規運作，就連稅率也是五花八門。

因此，戰國大名在取代守護大名獲得以國為單位的統治權後，若是不希望這種統治形式延續下去，就會在領地內施行統一的法規及租稅，但農民對此卻有十分激烈的反抗行為。

一直要等到豐臣秀吉完成統一天下的霸業後，才總算經由稱為太閣檢地（始於一五九一年）的全國土地調查，整頓了全國的統治制度，而莊園村落也因此瓦解。

淪為農民的村落武士

自平安時代中期以來就受到武士們分割統

治的農地，在太閣檢地的政策下，重新規劃成依照自然地形區分的新村落。

此外，在豐臣政權的統治下，還施行了明確區分武士身分及農民身分的刀狩令❷（一五八八年）。

在此之前，農村裡的上級、中級農民攜帶武器是一件稀鬆平常的事。

他們有時會做為足輕，跟隨戰國大名前往戰場，有時則會以武力反抗領主，其中也包含了稱為「地侍」或「野武士」的人物。

只要農民可能手持武器反抗掌權者，就難以寄望政權能夠長治久安。

因此，豐臣秀吉推行了原則上只將大名家臣視為武士的方針。除此之外的人，則全歸類到被統治階級，沒收他們持有的一切武器。

這項觀念之後也由江戶幕府的「士農工商」身分制度所沿襲。

在自治政策下掌握權力的村役人

江戶幕府採用農民自治的方針治理農村。

在此政策之下，由名主（庄屋、肝煎）、組頭、百姓代❸組成的村役人❹，開始在村落中掌握相當大的權力。

所謂村役人大多是中世時期具備武士身分的上級農民，而當時的幕府與大名（諸藩主）則只負責領地內的警備，以及村落無法自行解決的重要地方政務。

在下一個項目中，就來看看在江戶時代，這類失去小領主地位的武士們究竟過著怎樣的生活。

譯註：

❶向地主租借土地耕種的農民。

❷以建造京都大佛為由沒收農民武器，以剝奪民眾反抗能力的法令。

❸名主、組頭、百姓代是當時村落中負責大小事務的職位名。名主（關西稱為庄屋，東北北陸稱為肝煎）是持有土地、負責繳交稅金的人；組頭是輔助名主、執行村內事務的人；百姓代則是代替百姓監督村內政務的人。

❹江戶時代負責村內事務、繳交稅金的一般百姓。

和平的江戶時代下的武士生活

◆儘管武士生活簡樸，卻被流於形式的禮儀所束縛

無所事事的武士

江戶幕府成立後，緊接著發生了德川家殲滅豐臣秀賴❶的大坂之陣（一六一四・一五年）戰役。此後，日本國內延續了兩百數十年的和平時代（島原之亂❷只算是農民一揆程度的內亂）。

在戰國時代以後，大名們為了將武士從農村的統治制度中分離（剝奪武士在中世的特權），於是特意散布「對武士而言，最重要的乃是自身武藝（並非治理農民的能力）」這類價值判斷。

但隨著江戶時代武家政權的鞏固，日本也進入了武藝並非絕對必要的時代。

農村會委任村役人治理，而整修交通道路、開發大規模的水利設施與新耕農田、發展工商業等工程作業，則成為必須由幕府或大名出面才能處理的工作。

加上江戶時代初期，人們強烈認為民政是下級武士的工作，因此在種種因素的影響下，大多數的武士只剩下一些形式性或儀式性的工作可做，過著整天無所事事的生活。

但就如下一個項目所述，這種在城內任職的形式性職務也是相當勞心費神的。

中世武士後裔的驕傲

繼承中世武士血統的人，會對自己身上流有建立莊園村落的祖先血統感到相當驕傲。

只要將武士世襲領取的俸祿，看做他們向主君獻出領地的代價，即可充分明白江戶時代武士的心情了。

儘管他們可以仰賴祖先遺留下來的俸祿怠惰地過日子，但其中許多人都認為：「我們既然繼承了中世領主的血脈，就應當做為農民生

活的榜樣。」

因此，武士過著簡樸的生活，努力精進自身的武藝與學問，為了博取周遭人們的好感而講究禮儀端正的言行。

雅致卻不方便的武士裝束

江戶時代的武士裝束雖然簡單樸素，卻必須穿得衣冠楚楚。他們平時就得身穿小袖（類似現在的和服）搭配袴，將大小兩把武士刀插在腰際，再披上一件羽織❸。

在穿著這身羽織袴❹裝扮時，武士必須保持端正的姿勢，否則會顯得十分邋遢。

但這套服裝不僅是袴的穿法讓人傷透腦筋，緊束的腰部也叫人難以呼吸，武士刀的重量更不容小覷。江戶時代的武士不但規定要穿上這種極度不方便的服裝，還被迫在日常生活中落實武士應有的端正言行。

而在城內必須穿著的裃則又更加死板，叫人難以行動。幕末派駐日本的英國公使阿禮國爵士（Sir Rutherford Alcock）❺，在看到武士穿裃的模樣後，便在日記中記述：「他們居然不會跌倒，真叫人難以置信！」

穿著這套服裝砍傷吉良義央（上野介）的淺野長矩（內匠頭），想必也覺得很不方便吧❻。

武家宅邸是由鋪著榻榻米的和室所構成，房屋結構類似現今的日式住宅，不過中下級武士的住所並沒有那麼大。

此外，中下級武士的飲食也很簡單，平常大約是吃白米飯搭配水煮蔬菜、味噌湯與醬菜，平均每十到二十天才會犒賞自己吃一次魚。

等到江戶時代後期，都市武士與地方武士在生活水準上的差異就變得十分顯著。地方武士的生活依舊簡樸，但江戶等都市裡的武士，卻能夠自由購買想要的東西或在外用餐，享受生活的樂趣。

也就是說，如今日本的民眾普遍都過著比江戶時代身為統治階級的武士還要富裕的生活。

此外江戶時代的武士就如同下一個項目中所述，會在生活中面臨到許多麻煩的事情。

江戶武士的服裝

中下級武士的飲食

每十到二十天
才能吃一次魚

穿著裃砍傷吉良的
淺野長矩

看在當時的外國人眼中，裃是種讓人寸步難行的服裝

譯註：

❶豐臣秀吉之子，於大坂夏之陣戰役後自殺身亡，得年二十二歲。

❷難以忍受嚴苛稅收的島原農民，在首領天草四郎的率領下引發的內亂。

❸以防寒、裝飾為目的，套在和服外頭的短外套。

❹身穿羽織和袴的正式裝扮。

❺十九世紀英國駐中國與日本的領事。

❻元祿赤穗事件的起因，即當時奉命接待朝廷敕使的淺野長矩，基於私怨公然砍傷吉良義央，並在事後遭將軍德川綱吉命令切腹自盡的事件。是著名歌舞伎劇目〈忠臣藏〉的藍本。

壓抑自立心的江戶武士道

◆在幕府的命令下被迫遵守「武士道」

武士道的涵養

武士必須
- 不怕死
- 為自行負擔武裝費用的戰士
- 絕不能有「膽小」、「卑鄙」的行為
- 以「身先士卒」為理想

引自山本博文著，趙佳誼、黃碧君譯，《武士道圖解》，商周出版，2008年。

赤穗義士討伐吉良的真正動機

武士原本是治理村落此一獨立世界的小領主。

他們肩負起責任，根據自己的判斷進行村落領導者所應採取的行動。

在莊園村落這個封閉的世界裡，武士是在緊急情況發生時，農民唯一可以依賴的對象。

武士曾被農民稱為「氏神」，被視為村落的守護神加以祭祀，也曾經擁有准許傳教的旅行僧人與商人進入村內的權限。因此，他們身為武士的榮譽感十分強烈。

「不對他人言聽計從，拒絕主君無理的命令。」

武士原本最重視這種自主性的行為。

這份榮譽便稱為「武士的一分（顏面）」。

而受到武士保護的村落庶民，他們在立場上則無法違背領主的旨意，也沒有擅自行動的權利。

在赤穗義士❶當中，大部分的人都不是基於個人對主君淺野長矩的忠誠，而是基於自己的名譽——也就是為了捍衛所謂「武士的一分」，才參與攻入吉良宅邸的復仇事件。畢竟，一旦遭到世人認定是「不敢討伐主君仇敵的軟腳蝦武士」，在社會上將難以立足。

在幕府命令下被迫遵守武士道

若是各個武士都抱持著自立心隨意行動，幕府與藩的組織整體性就會面臨瓦解，導致武家統治的制度無法成立。

於是幕府與藩（將軍、老中或大名、家老）便命令武士遵守嚴格的規律，迫使他們無法任意行動。

如同前頁圖片所示，研究江戶時代的歷史學家山本博文將「武士道的涵養」歸納成四個項目（《武士道圖解》，商周出版）。

有別於新渡戶稻造（《武士道》）的記述，以及我在本書前半部（第三章等）列舉的內容，這是一種幕府與藩強迫武士遵守的江戶式「武士道」。就如同下一個項目所述，被迫遵守這種基於上位者方便所制定的規範，讓武士們留下了許多痛苦的回憶。

譯註：

❶在元祿赤穗事件中，大石內藏助等四十七名赤穗家臣為替主君淺野長矩復仇，夜襲吉良宅邸斬殺仇敵吉良義央，事後遭幕府命令集體切腹自盡，後人遂稱之為赤穗四十七義士。

被迫執行戰鬥與敵討

◆「膽小鬼」與「卑鄙小人」會受到嚴厲的懲罰

敵討的程序

1. 向京都所司代❶或江戶的町奉行所❷提出申請
2. 登錄名冊
3. 授予敵討的權利
4. 遊走全國找出對方的所在地
5. 只要敵討成功，事蹟就會刊登在瓦版❸上宣傳
6. 成為全國皆知的名人。俸祿會大幅增加，或是被其他藩主用優渥的條件挖角

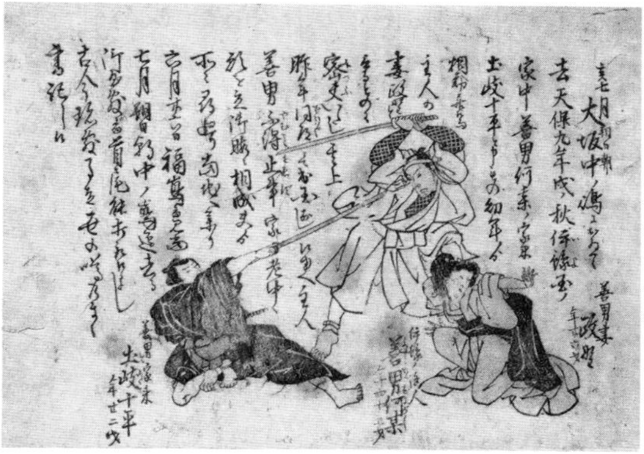

瓦版〈大阪中之島敵討乃次第〉（大阪府立中之島圖書館館藏）描述伊予松山藩的家臣，在妻子遭人奪取後成功進行敵討的場面

「膽小鬼」與「卑鄙小人」會受到懲罰

將軍與大名會對武士主張：「我身為主君，僱用你們做為戰時可為我所用的戰士，會依照你們能在戰時發揮的兵力給予俸祿。」（此與第94頁所記述的武士看法對立）。

因此為了預防萬一，武士必須根據自己領取的俸祿額度，在幕府的規定下招募特定數量能夠戰鬥的家臣與自己所能指揮的軍隊，並準備足供其使用的武器。

然而貪生怕死之徒卻是派不上用場的戰士。於是，幕府與諸位大名遂擁有以「怠慢武士涵養的不忠之人」為名，對「膽小武士」加諸刑罰的權利。

在此權利之下，握有幕府及藩大權的少數武士，就能夠依照自己獨斷的判斷，任意處

罰「膽小」的武士，這也讓武士們十分害怕自己被以「做出違反武士道的行為」為由進行審判。

被視為義務的敵討

有時只是對一些無關緊要的壞話充耳不聞，就會被人視為「在該生氣的時候不敢發怒的膽小鬼」。

一旦社會上形成這種風氣，那麼每當武士的面子受辱，他們就不得不拔刀進行不情願的廝殺戰鬥。

若是在戰鬥中被砍死，那麼死者的家族將會面臨嚴苛的命運——必須背負起敵討❹的義務。

然而，要找出不知逃到哪裡的對手進行報復，並不是一件容易的事。其中甚至有人為了找尋雙親的仇敵，一輩子過著居無定所的日子。

江戶的武家社會，就是這樣一個苦悶的世界，會將不好鬥爭的溫和人物視為「卑鄙小人」，運氣不好的話甚至會因此被命令切腹。

譯註：

❶江戶時代負責京都治安的機構。

❷負責領地內都市的行政及司法的機構。

❸江戶時代使用黏土版印刷的出版物，可傳達即時的情報或新聞。

❹對殺害自己直系尊親屬的人施以私刑復仇的制度。

欺凌弱小的切腹制度

◆切腹法制化協助鞏固統治體制

和平時代中增加的切腹事件

儘管曾經有人解釋「切腹是武士光榮的死法」，或「武士與切腹有著密不可分的關係」，但這些全是基於誤解而得到的結論。

實際上，切腹是在江戶幕府成立後，受到法制化的影響才開始頻繁施行。

中世時，確實有將領以自盡的方式負起戰敗的責任。

當中也有人為了向戰死的家臣賠罪，而特意選擇最痛苦的切腹死法。

但直到江戶時代初期，身犯重罪的武士都還是以斬首（用刀砍下首級）處刑，或奉命以自己選擇的方式自盡。

像石田三成等三名❶關原之戰❷的戰敗將領，就是被處以斬首之刑。

以「光榮」為名殺雞儆猴

想要落實幕府與藩的統治政權，就必須抑制武士開口批判主君的行為。

要是任由他們基於中世以來的自立心隨意發表意見，組織就會變得四分五裂。

因此幕府及諸位大名會輕率地命令那些不服上位者旨意的家臣切腹，以達到殺雞儆猴的效果。

統治階級在將切腹加以法制化時，是將切腹詮釋為光榮的死法。

「武士是被准許自殺的階級，但農民與町人卻是不准自殺的可憐人，只能被徇役斬首。」

便是基於這樣的宣傳言論，武士才開始與切腹產生密不可分的關聯。

但德川慶喜❸並沒有負起斷送幕府的責任而切腹。

被幕府撤藩的大名中，也沒有人以「向失業的家臣謝罪」為由切腹。

因此看在現代人眼中，切腹習俗無疑是掌權者用來欺凌下位者的行為（這份評價有別於新渡戶稻造及現今江戶時代歷史學家的意見，是筆者自己獨特的看法）。

切腹制度所建立的絕對服從組織

在武家社會中，人們會把默默服從主君一切命令視為一種忠義的表現。下位者也必須對上位者展現絕對的服從，倘若違背命令，下場就是切腹。

因此在武家社會，送禮孝敬上級的情況可說司空見慣。

此外不論是什麼樣的職務，新來的菜鳥都必須幫工作上的前輩準備便當。

正因為處在這樣的時代下，因此下一個項目中將提到的「向主君進諫」，才會成為要有切腹覺悟的賭命行為。

譯註：

❶指關原之戰擔任西軍將領的石田三成、小西行長、安國寺惠瓊三人。

❷日本戰國時代末期決定德川政權的一場戰役。

❸德川幕府的第十五任將軍，同時也是末代將軍。

新渡戶稻造認知的切腹本質

- 法律制度
- 典禮儀式
- 謝罪
- 贖罪
- 避免不名譽
- 拯救朋友
- 誠實的證明

筆者認為「切腹」也帶有統治階級（權力者）欺凌下位者的一面

切腹的歷史

平安時代 … 開始有人切腹

鎌倉時代 … 廣為流傳，成為自殺的形式

（這個時代的切腹動機）

- 以身殉主
- 承擔職務上的責任
- 避免淪為俘虜蒙羞等

江戶時代 … 法制化、形式化

（這個時代的切腹方式）

會在名為三方的方桌擺上小刀（或扇子），當切腹者伸手去拿時，介錯人就會在這一瞬間砍下他的首級，本人則不會切開腹部。

（與刑罰的關聯）

↓

當時武士一般是用斬首的方式處刑

↓

身犯重罪的武士會被幕府命令切腹

↓

明治六年，政府廢止切腹刑罰

抱著一死的覺悟提出諫言

◆就算是立論正確，有時一樣會面臨手討或切腹的下場

主君的旨意乃是上天的命令

江戶幕府的統治制度，是建立在「武士必須無條件遵從主君命令」的武家道德之上。

幕府會把對主君盡「忠」的觀念，置放在對父母盡「孝」之上，並將「弒君」定為最為嚴重的罪刑。

但這並不代表幕府會容許暴君恣意妄為。開創江戶幕府的德川家康認為，執政者負有施行德政的義務，必須在廣徵家臣意見後公平施政。

因此，德川家具備了以下的觀念：

「只有幕府有權懲罰讓農民受苦的大名，身為德川家區區一名陪臣（家臣的家臣）的諸藩武士，無權批判大名的統治方式。」

進諫遠比參與合戰危險

倘若大名都是懂得廣徵意見、對人民施行德政的人倒也還好，但其中有些大名卻對政事一意孤行，把領地搞得一塌糊塗。每當這種時候，為了藩內安泰，家臣就必須向主君進諫規勸，但江戶時代卻流傳著一句名言——「直諫難過一番槍❶」。

就算是闡述合理的意見，也會被周遭的人視為違抗主君命令的不忠之人，運氣不好的話，還會遭到手討（由主君親自處刑）或是落得奉命切腹的下場。因此，大部分的武士都會默默地聽從主君的命令。

話雖如此，但身為諸藩的重臣，哪怕是身處這種無事主義❷的時代下，也無法眼睜睜地看著主君做出讓藩陷入存亡危機的行為，於

江戶時代大名的變化

▶江戶幕府制定的大名統治制度

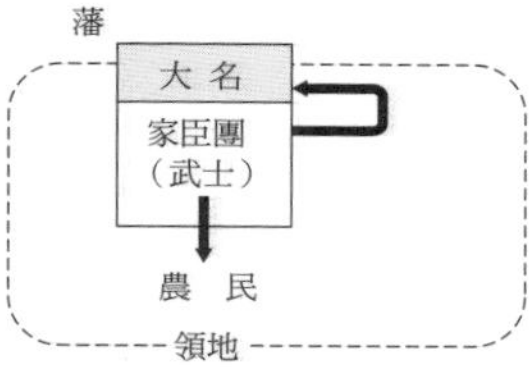

依照戰國時代以來的習俗，並強迫家臣絕對服從

繼承中世以來的觀念，領主必須保護治下的農民

▶江戶初期

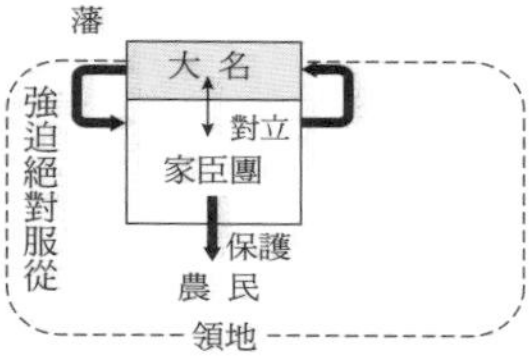

主張藩屬於全體成員，大名只是負責統合藩的角色

▶元祿時代（十八世紀初期）以降

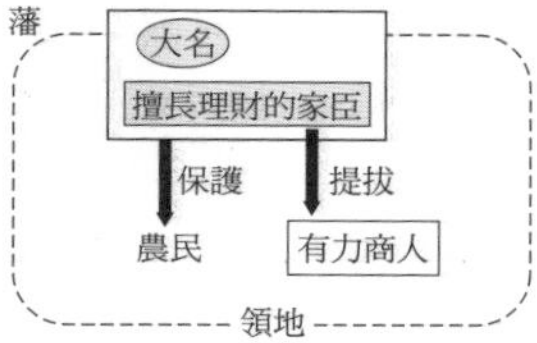

已無法光靠年貢❸維持運作的藩開始企業化，由擅於理財的家臣掌握實權，大名則淪為裝飾品

是他們會採取下一個項目所要提到的主君「押籠」。

譯註：

❶一番槍指的是在戰場上率先殺入敵陣的人，整句話的意思是指向主君直言進諫，比在戰場上身先士卒還要危險。

❷或稱避事主義，以不作為來保護自己的消極主義。

❸農民每年繳交給領主的地租。

主君「押籠」與御家騷動

◆為了讓藩繼續生存而「軟禁」主君

被家老強迫隱居的藩主

江戶風格的武士道（請參照第97頁的圖表），是以家臣對主君的絕對服從，以及首重武藝的觀念為支柱的道德思想。但這種道德能產生約束力量的時期，或許只有從江戶幕府誕生（十七世紀初期）到元祿時代（十七世紀末期）為止，這段不到一百年左右的短暫時光吧。

在武士的武藝不再被視為必要，藩因為經濟急速成長而不得不轉型成「企業」之際，日本發生了許多瓦解武家社會上下倫理關係的事件。

主君「押籠」及御家騷動就是當中極具代表性的事件。在此就舉前者其中一例進行說明。

久留米藩（福岡縣）曾是年收二十一萬石的

御家騷動

▶三大御家騷動

（騷動名稱）	（年）	（引發事端的藩主）	（因此失勢的能吏）
・黑田騷動	1632～33	黑田忠之	栗山大膳
・伊達騷動	1660～71	伊達綱宗	原田甲斐等人
・加賀騷動	1745～54	前田吉德	大槻傳藏等人

▶其他的御家騷動

・生駒騷動	1624～39	
・鍋島騷動	1634～42	
・越後騷動	1679～81	……起因為德川綱吉的專制統治

大藩，卻在十八世紀初期陷入了財政危機。

於是，藩主有馬則維毅然決定進行藩政改革，廢除只有家世漂亮的無能家老❶所採行的合議政治，辭退四十八名高官，改用擅於理財的下級藩士管理財政。

在此一體制下，藩內開始削減家臣的待遇，並向農民徵收新稅。然而享保十三年（一七二八年）之際，卻因為提高農民賦稅一事而暴發了農民一揆。

此時，擔任家老的稻次正誠在與眾藩士商討後，決定以追究一揆責任的理由強迫藩主隱居，由則維之子有馬賴徸繼任新藩主。

長於理財的家臣掌控實權

類似久留米藩所發生的主君「押籠」事件，在日本還有好幾起案例。

在江戶時代初期，人們普遍認為藩的繁榮發展應該要優先於大名的獨斷意志，所以江戶時代的武家社會認為這種主君「押籠」乃是正當的行為。

而在十七世紀末到十八世紀間，還能看到數起性質類似主君「押籠」的御家騷動事件。這些大都是具備世襲身分的上級武士，與因擅長理財而被起用的新興勢力之間，由於彼此對抗所引發的事件。

在經過如此混亂後的江戶時代中期，各藩開始由擅長理財的人掌握政治實權。而這樣的情形，乃是幕府與諸藩在江戶時代的經濟發展過程中，致力於工商業的培育、加強對工商業界課稅與開發新農地所導致的結果。

譯註：

❶武士團中地位最高的職務。會由數名優秀的家臣擔任，以合議的方式輔佐或運作政治與經濟。

庶民所繼承的武士道精神

◆替家族式經營的商家帶來繁榮發展的武士道

流芳百世的佐倉義民傳說

如前所述，擔任村役人等職務的上級農民，大都是中世中下級武士的後裔。此外，江戶時代初期也有許多武士改行當富商。

因此，源於中世「弓馬之道」的道德思想，也就經由繼承武士血統的農民與町人，流傳於江戶時代的庶民之間。

當佐倉藩（千葉縣）的農民為領主堀田正信的重稅所苦時，佐倉宗吾等堀田領地的名主，就挺身向幕府控告藩主的惡政。

儘管宗吾等人因集體上訴的罪名而遭到處刑，但其義舉卻成為佐倉義民的傳說而流芳百世，甚至成為歌舞伎的題材。

就如同這則故事所描述的，江戶時代的村落領導階級，毫無疑問地繼承了「就算犧牲自

由商家繼承的武士道

己的性命，也要捨身保護農民」這種中世武士的遺風。

繼承武士風氣的商家

隨著江戶時代經濟規模的擴大，大量商品在十七世紀末期時開始流入大坂，為大坂等都市裡的商家帶來繁榮的發展。

這些商家採家族式經營，會讓番頭、手代、丁稚❶等奉公人❷寄宿店內，並負責且照料他們的生活。

經商所得會被視為店內的財產，大多數店主會做為奉公人的榜樣，過著簡樸勤勉的生活（也有店主沉迷於奢侈享受，最後不得不收掉店鋪）。

直到江戶時代中期左右，在健全經營的商家裡都可看到類似中世莊園村落般的人際關係。店主宛如武士，奉公人則是相對於莊園村落的居民，奉公人會在店主的保護下，懷抱著「要向店主看齊」的想法認真工作。

其中傑出的人會獲得店主的允許，用本店的名號開設新的商店。而就算能力不足的人，也能受到店家一輩子的照顧。

這種繼承中世武士風氣，並採取家族式經營的商家，為江戶時代中期以後的日本帶來了極大的發展。也從這個時候起，具備武士身分卻不擅理財的人開始變得無用武之地。

在掌握這一點之後，下一個項目將會觸及江戶時代無暇勤勉武藝、為了糊口而忙於兼差的武士生活實況，以及其與新渡戶《武士道》內文之間的關係，並替本章進行總結。

譯註：

❶商家雇員的職稱，依照職務與年資劃分，地位最高的是番頭，最低的是丁稚。

❷寄住在主人家中、負責家業及家事的雇員。

與新渡戶《武士道》相去甚遠的武士生活

◆保存於當時的日記中，令人失笑的武士生活

有別於《武士道》的武士生活

在新渡戶的《武士道》中記述著武士會每天磨練武藝，但這和他們實際的生活差距甚大

武士與武藝者身分不同

若是看過新渡戶稻造的《武士道》、下一章提及的山本常朝《葉隱》一書，以及某些時代小說與時代劇之後，大部分讀者都會以為「武士在生活中經常與死亡為伍，因此會珍惜每一分每一秒，勤勉磨練自身的武藝」。

但這卻是個相當荒謬的誤解。

普通人絕不可能忍受得了這種生活。

在時代劇等故事中出現的「非常強悍的武士」形象，僅限於江戶時代的武藝者（類似現代的職業拳擊手或相撲力士）。

尾張（愛知縣）藩士朝日重章曾詳細記錄了自己的日常生活，並將其題為《鸚鵡籠中記》。

在此文獻中就記載著重章對於磨練武藝一

事的敷衍態度。

尤其描寫自己在試斬❶後因為看到血而嘔吐的段落，不免令人失笑。

貼近現代的武士家庭生活

此外，人們還有「武士會在家中作威作福」的刻板印象。但在《柏崎日記》這本日記文獻中，卻記載著以下這起武家生活中令人莞爾的家庭生活場景。

渡部勝之助是桑名藩（三重縣）的下級武士，某次他的妻子阿菊臥病在床，勝之助的友人因為擔心她的病情，於是贈送了兩條大鯖魚給他們。

當時勝之助吩咐家中的奉公人把鯖魚切成生魚片，然而這名少女卻回答他：「我不會切魚。」

於是，勝之助只好親自將鯖魚切片，撒上生薑讓妻子享用，令她眉開眼笑。

在武士的生活中，並沒有「君子遠庖廚」的觀念。

看完這則故事之後，想必可以理解大部分武士的日常生活，就和我們現在差不了多少。

然而，他們身上卻繼承了武士自中世以來必須守護家族與完成分內工作的強烈責任感。

如前所述，新渡戶稻造在《武士道》中描述的「義」、「勇」、「仁」這些道德，並不符合武士實際的生活。

這是由於新渡戶並非依照武士的實際生活情況來撰寫《武士道》，而是根據下一章所要介紹的武士道書籍與朱子學教誨。

譯註：

❶利用罪人屍體練習斬殺的習俗。

第5章

解讀武士道的古代典籍

《五輪書》、《葉隱》……是否傳達了真正的武士道？

在和平的江戶時代，有數本「武士道書籍」在未經戰事的武士之間廣為流傳。這些書籍究竟描寫怎樣的內容？本章中將闡明其與江戶末期發達的朱子學之間的關聯。

廣為閱讀的武士道書籍

◆透過回憶錄、軍學書及戰爭故事述說的武士道

武士道是口傳的戒律

在武士的時代（平安時代中期到江戶時代），並沒有任何明確記載關於武士道德——武士道的書籍。

鎌倉幕府的〈御成敗式目〉或江戶幕府的〈武家諸法度〉等，也只是單純的法律條文。

武士會在經過充分思考後，各自採取身為武士應有的行為，而這些行為整體，也就是我們所謂的武士道。

遵照字面上的教誨生活很簡單，畢竟這不需要靠自己動腦思考。

然而既然沒有制定戒律，那麼想要根據自己的想法有出色的表現，就必須具備相當的智慧才行。因此，要遵照沒有一定戒律的武士道生活，會比依循佛教或儒教等單純遵守教祖教誨的宗教生活來得困難。

日本傳統的神道信仰也和武士道一樣，是一種沒有經典的宗教。

在太平盛世廣受歡迎的戰爭故事

生活在戰亂時代的中世武士們，會在家庭教育及日常生活中，或是在與前賢的對話中學習武士道。

但進入和平的江戶時代以後，武士卻變得無用武之地，在戰場上經歷過生死交鋒的人也愈來愈少。自戰場上歷劫歸來者的回憶錄、軍學書及戰爭故事便因此廣為流傳。

宮本武藏艱澀難懂的《五輪書》

被視為宮本武藏著作的《五輪書》，是江戶時代初期武士道書籍的代表作。

在武士之間廣為流傳的書籍

書名	作者	時代
信長公記	太田牛一	慶長年間（1596 - 1614）
太閤記	小瀨甫庵	元和三年（1617）
三河物語	大久保忠教	元和八年（1622）
武邊噺聞書	國枝清軒	延寶八年（1680）
武功雜記	松浦鎮信	元祿九年（1696）
武野燭談	木村高敦	寶永六年（1709）
明良洪範	真田增譽	十八世紀前半
常山紀談	湯淺常山	元文四年（1739）

宮本武藏心目中的武士本分

☆武士要有死的覺悟

↓（但並不是單純送死……）

☆凡事都要做得比別人好

☆不論是一對一廝殺還是面對多人圍剿都要贏

↓

☆贏才是兵法的主要目的

此外，這本書也是那些希望能夠變強的武藝者所愛好的讀物。

《五輪書》據傳是在寬永二十年（一六四三年）間，由服侍熊本藩主細川家的宮本武藏在登上熊本北方的岩戶山後著述而成的書籍（也有一說認為《五輪書》並非宮本武藏親撰，而是由他的弟子彙整編著）。

書中就如同上列圖表所示，記述武士是「為贏得戰鬥」而生的道理。還寫了不少有關學習劍術的心得，但內容卻讓人難以理解。

雖然宮本武藏的兵法精髓就在於「毫無迷惘的空」之境界，但一般人卻無法理解何謂「空」。

此外，擔任德川家光兵法指導的劍術家柳生宗矩，其著作《兵法家傳書》也是江戶時代人人爭相閱讀的書籍，但書中卻盡是「刀尖上的勝負在於心」這類如禪學問答般的內容。

與朱子學結合的武士道書籍

除了以上所提到的書籍外，其他還有小幡景憲記述武田信玄的兵法並闡明武士涵養的

亡國大將

結果	大將類型	表現	特徵
懷有野心的追隨者會掌握實權，最後導致國家滅亡	愚昧的大將	・不學習武藝 ・盡是些阿諛奉承的家臣	・恣意妄為 ・性喜玩樂 ・沉溺於娛樂之中
無法給予家老正確評價，不是把人趕走，就是反過來遭到討伐	過於聰明的大將	・不給予家臣適當的俸祿，使百姓窮困潦倒 ・無視家臣的建言，裝出已經了解的樣子	・易驕傲自滿 ・易消沉 ・對利益十分敏銳
家臣會向有權力者奉承。一旦開戰，家臣就會落荒而逃。會因嫉妒心而互扯後腿	膽小的大將	・讓家臣喪失武士風範	・懷疑家臣 ・提拔諂媚小人 ・冷落進諫忠臣 ・缺乏慈悲心，無法判別家臣的能力
以強勢的意見影響周遭的人，讓家臣過於勉強自己，最後導致國家滅亡	過於強悍的大將	・家臣無法提出意見，就算提了他也聽不進去	・意志堅強、頭腦機靈 ・能言善道、足智多謀 ・厭惡軟弱的態度

*小幡認為過於強悍或聰明的大將，會讓家臣跟不上他們的腳步。而書中也寫到要以自己的能力自豪、避免太過突出的表現、妥善運用部下方能成功等，都是可以運用在現代經營上的訓示

《甲陽軍鑑》。

書中記載著「四種亡國大將的類型」，提供了現代經營者必須銘記在心的珍貴訓示（可套用上表，診斷自己的大將資質）。

而值得注意的是，從身為小幡弟子的兵學家山鹿素行的著作開始，武士道書籍的內容逐漸轉變成朱子學式的論述。

山鹿素行曾任職赤穗藩，是十七世紀中期的兵學家，對赤穗義士有著極大的影響。

在他的著作《山鹿語錄》中，就認為勤勉臣道（身為家臣的本分）、為了儒教的理想奮鬥乃是武士的職責。

從這一點來看，即可明白當時遠離實戰的武士，由於無法在戰場上建立功勳，因而開始學習朱子學的教誨，改以一名家臣的身分全心侍奉主君，藉此追尋內心的依靠。

接著將介紹廣受近人閱讀的江戶時代武士道書籍代表作——山本常朝的《葉隱》，其以「武士道即為知死之道」這句名言而廣為人知。

同時也是一本在朱子學的影響提升後所寫就的書籍。

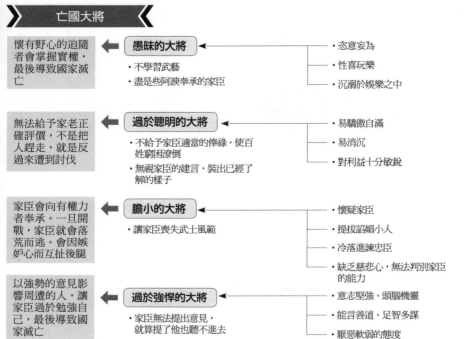

《葉隱》中死亡的含意

◆「選擇死亡」並非道德，而是一種智慧

《葉隱》的架構

聞書一	山本常朝的話
聞書二	山本常朝的話
聞書三	**鍋島直茂**的逸聞
聞書四	**鍋島勝茂**的逸聞
聞書五	**鍋島光茂・綱茂**等人的逸聞
聞書六	佐賀藩舊事
聞書七	佐賀藩武士的故事
聞書八	佐賀藩武士的故事
聞書九	佐賀藩武士的故事
聞書十	其他家族武士的故事等
聞書十一	之前未曾提及的事

※粗體字為佐賀藩主

「為求生而死」的觀念

選擇

- → **高生存率的選擇** →（被責罵是膽小鬼而淪為浪人）
- → **高死亡率的選擇** →（主君會基於遺德起用其子嗣）

並非要人輕率地選擇死亡，而是經過精打細算後再求死

武士道的宗旨即是「知死」

《葉隱》是日本在戰前軍國主義流行時廣泛流傳的讀物，乃佐賀鍋島家藩士田代陣基將同為藩士的山本常朝的話語加以記錄編纂而成。

其費時七年（一七一〇～一六年）持續編寫《葉隱》，在共十一卷著作中，傳達山本常朝思想的部分僅占了兩卷。

然而，他的思想卻是其中最有意思的部分，所以一般慣稱「山本常朝的《葉隱》」。

常朝在《葉隱》首章中表示：「當今武士，個個一副掉以輕心的模樣」，常朝在此以「掉以輕心」來指涉他們不懂「武道宗旨」，並表示武士道的宗旨即是「知死之道」，而常朝的思想也因此被後人稱為「發狂而死」的武士

道。

為求生而「死」

只不過，山本常朝並非要人輕率赴死，而是當你必須在高生存率及高死亡率兩個選項之間二擇一時，他勸你最好選擇高死亡率的選項。

常朝認為，要是選擇安全之道求生，會被周遭斥責為膽小鬼，讓自己在社會上失去立足之地，因此最好選擇從容赴死之道。這並非觀念性的道德思想，而是在藩內眾多嚴格的規範下求生存的處世之道。

一旦被周遭的人視為膽小鬼，就會在藩內喪失立足之地，而不得不淪為一介浪人❶。

然而英勇赴死之人，其子嗣卻會被主君起用。常朝是基於這樣的計算，才會勸人最好選擇赴死。而如同下一個項目所描述的，《葉隱》充滿了在武家社會嚴格的日常生活中所獲得的諸多智慧。

譯註：

❶被迫遠離戶籍地，在外地或外國流浪的武士。

長於處世之道的山本常朝

◆武士閱讀的實用書籍——《葉隱》

《葉隱》的書寫目的究竟為何？

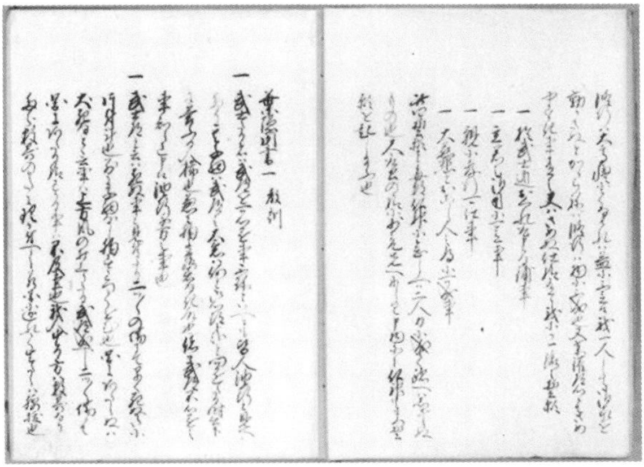

《葉隱》原文。左頁的左邊算來第五行寫著「武士道即為知死之道」（佐賀大學附屬圖書館館藏）

忠　為主君著想

朱子學

勇　具備自裁的勇氣

《葉隱》中有許多要素源自朱子學

推薦精打細算的忠義

山本常朝提倡對主君的絕對忠義，表示要「重視主君到令人流淚的程度」。

但常朝所謂的忠義，並非要人拋開一切竭力為主君獻身，而是要經過精打細算，確定自己可以透過旁人「忠肝義膽」的評價，在藩內獲得更好的待遇後，再採取被譽為「忠義」的言行舉止。

使人免於過失的實用書籍

因此，《葉隱》中還認真地記載了一些現代人覺得十分滑稽的事。

例如在路上遇到有人請求自己「追捕強盜」，卻不小心讓對方逃跑時，常朝如此寫到：

要發出「該人不敢與我為敵！」或「卑鄙小人想逃嗎！」之類的高喊。只要像這樣喊話展現自身的勇氣，情勢就會演變為是因為對方懦弱而不敢與自己為敵。

但要是不這麼喊，自己就會犯下讓罪犯逃跑的過錯。

這樣的記述，也呈現了江戶時代武士得時時謹言慎行，以避免被他人視為不忠或膽小的生活實態。

對於當時的武士來說，《葉隱》儼然是一本優秀的指導手冊，教導他們如何應對身邊的各種情況。

而在《葉隱》中，也可以發現作者十分重視「忠（為主君著想等）」與「勇（具備自裁的勇氣）」的觀念，而這些毫無疑問是源自朱子學的思想。

在下一個項目中，將一探兩位廣為人知的朱子學家兼政治家——新井白石與松平定信的生活方式。

身為侍的學者所提倡的武士道

◆重視無欲與救濟弱者的朱子學訓示

新井白石與松平定信的名著

書名	作者	時期	內容
《折焚柴記》	新井白石 	享保年間 （1716年左右）	上卷描述祖父及雙親的事蹟，與自己從幼年時期到甲府侯任官時期的經歷，中卷及下卷則分別記述德川家宣與家繼兩人的政治
《宇下人言》	松平定信 	記述寶曆八年（1758）到寬政五年（1793）之事	以其政治生涯為主，記述從幼少到退職為止的經歷。此外也提到白河藩的政務以及寬政改革

不為人知的武士道名著

至今為止的武士道研究學者，都未曾將新井白石的《折焚柴記》與松平定信的《宇下人言》視為武士道書籍。

但筆者認為，應該要把這兩本書當做身兼朱子學家與政治家的優秀之侍，藉由寫下自己的生活方式來做為武士範本的書籍。

不論是《折焚柴記》或《宇下人言》，都是足以代表江戶時代古典文學的名山之作。而曾有一段時期掌握幕府政治的白石與定信，也都是江戶歷史不可或缺的重要人物。

白石的正德之治（一七〇九～一五年）❶與定信的寬政改革（一七八七～九三年）❷，都是基於朱子學的道德思想來消弭政界的腐敗風氣，並採行合理政策的改革方針。

新井白石的思想

❶承擔政權者的職責

致力振興禮樂（文化）
以仁愛的精神對待人民

❷求學的方法

不僅重視中國的文獻
也重視日本的古代典籍

⬇（以理性的態度詮釋古代文獻）

只要熟習日本史，就能了解政治家該有的行為

❸對於西洋學問的評價

認同其知識與技術的優秀性

⬇

否定基督教
與德川吉宗的洋學振興相通

→ 身為武士（領袖）所應具備的思考方式

堅忍不拔、無欲無求的新井白石

新井白石出生於中上流階級的武士家庭。他在書中寫到其父曾如此教導他：

「男孩子必須學會如何忍耐。而要學會忍耐，只要從自己最難以忍受的事情開始訓練即可。如此一來，不知不覺中忍耐就會變得不那麼難受了。」

此外，據云新井白石九歲起就被要求在白天練習寫三千字行書與草書的漢字，晚上再練習寫一千字，要是在課題完成前感到昏昏欲睡，就會到庭院沖冷水提振精神。

其後新井白石便為了施行有益人民的政治而開始鑽研朱子學。

儘管受到六代將軍德川家宣的提拔，得以插手幕府政治，但他本身並不想追求榮華富貴，而滿足於將軍侍講（類似家庭教師的職務）這種地位低下的職務。

新井白石基於朱子學的理想，頒布了〈海舶互市新令〉❸，藉以抑制社會上奢侈的風氣。法令上如此記述：

「自幕府創立以來，日本在百年間有四分之一的金幣及四分之三的銀幣流到海外。照此情形，不出百年，我國的金銀將會消耗殆盡。」

在其政治力的約束下，確實平息了五代將軍德川綱吉所帶起的奢靡頹廢風潮。

順帶一提，新井白石同時也廢止了惡名昭彰、將野狗看得比百姓還重要的〈生類憐憫令〉❹。

致力救濟弱者的松平定信

松平定信是八代將軍德川吉宗之孫，過繼給白河藩主（福島縣）松平家（德川家康異父弟的後代）做為養子。

儘管他出身名門，有能夠恣意揮霍的本錢，但卻偏好簡樸，就連冬天也只穿著木棉衣物過活。

他在《宇下人言》中寫到，自己對於世人樂此不疲的娛樂（似指賭博及觀賞戲劇等行為）、奢侈的飲食及男女之間的情事毫無興趣。

並述及自己最大的快樂，就是看見擬定的政策達到成效、百姓歡欣鼓舞的模樣。

具備這種精神的松平定信，其政策在救濟饑民、囲米❺、七分積金❻或協助失業者就職、設立人足寄場❼等救濟貧弱方面收到極大的成效。

不論是新井白石還是松平定信，他們都過著恬淡無欲的生活，追求能夠拯救人民的政治，並鑽研朱子學，為實現理想而努力不懈。

比起武藝者或軍學家筆下那些滿是艱深道裡的武藝書，或是會在字裡行間窺見算計心態的《葉隱》，他們兩人的著作可說是相當容易理解的傑作。

就算武藝與常人無異，但身為一名政治家，新井白石與松平定信仍舊可說是以負責態度為民施政的侍。

兩人遵照朱子學思想，以推行儒教所提倡的善政為己任，而在下一個項目中，將一探江戶時代的武士一般對朱子學會鑽研到怎樣的程度，並透過這一點為本章進行總結。

譯註：

❶正德年間基於儒教理念進行的政治改革。

❷在松平定信擔任老中期間，以經濟及思想方面為主的幕政改革。

❸新井白石在一七一五年二月十四日頒布的限制國際貿易量的法令。

❹江戶元祿時期頒布的法令，嚴格規定任何人都不得傷害犬、貓、鳥、魚類、貝類、蟲類乃至人類嬰幼兒等生物，並特別保護犬隻的安危。

❺為了預防饑荒及調節米價而儲藏米糧的制度。

❻將自城鎮費用中撙節下來的七成存起來，以降低地租或房租的形式回饋居民的政策。

❼設立在江戶石川島上的流浪漢收容所，收容無家可歸者與有犯罪前科的人，以勞役方式讓他們學得一技之長。

影響江戶武士的朱子學

◆做為自身涵養，廣學中國古典的教誨

「四書五經」

「四書」

- **大學** 是宋代朱子汲取「五經」中的《禮記》〈大學〉篇而獨立出來的書籍
- **中庸** 是宋代朱子汲取《禮記》〈中庸〉篇而獨立出來的書籍
- **論語** 是儒學之祖孔子辭世後，集錄孔子言行及他和弟子間問答內容等編輯而成的書籍
- **孟子** 是集錄主張性善說的孟子針對孔子之道的解說言論與問答內容的書籍

「五經」

- **易經（周易）** 解說有關自然現象、倫理及政治等占卜理論的書籍
- **詩經** 成書於周代，乃中國最古老的詩集，據傳為孔子編纂
- **書經（尚書）** 將中國古代賢人有關政治史及政治方面的言論編輯而成的書籍
- **春秋** 孔子記載中國在西元前七二二～四八一年這段期間的史書
- **禮記** 漢代儒家將關於制度、禮儀及禮的教誨編纂而成的書籍

學習四書五經的武士們

江戶時代的武家社會中，人們不太注重日本的古代典籍。武士之子自幼在家中學習漢文，而幕府的臣子便到昌平坂學問所❶等處，諸藩的武士則會到藩校❷正式學習朱子學，四書五經也就成為當時武士的學問基礎。在求學的過程中，武士們會以極為自然的形式習得朱子學的主從道德。

做為自身涵養，滲透到武士階層的朱子學

武士藉由學得四書五經，讓自己能夠熟練地運用中國漢文或漢文文書。朱子學者甚至會遵照數項規則，創作必須吟詠出聲的艱澀漢詩，有時也會以參雜漢文語調的假名❸書寫日文。

伴隨著這股趨勢，人們開始用當時的口語來書寫文章。儘管武士在日常生活中會採用口語，但漢文風格的文體卻也深刻滲透到他們的生活中。

前面曾經說過，從山本常朝的《葉隱》中可以看出受到朱子學的強烈影響，但這並不一定表示山本常朝個人嚮往朱子學的理想，或許其中不具深意，只是具備漢文素養的常朝使用了平時慣用的儒教典籍中的表現方式罷了。

而《武士道》作者新渡戶稻造，是接受四書五經教育的最後一個世代，因此他很可能經常將「仁」、「勇」等朱子學中的表現方式做為日常詞彙使用。

至於他是否將武士道視為朱子學的衍生，這一點將在結語中闡明。但在這之前，筆者將在下一個章節中，大致介紹明治維新前後到現代為止的歷史與武士道之間的關聯。

譯註：

❶直屬江戶幕府的學校。

❷諸藩提供武士與其子嗣求學的藩立學校。

❸日本特有的表音文字。

第6章

武士不復存在之際的武士道與日本人

武士道在近代日本形成的光與影

明治維新之後，日本迎接了沒有武士的時代，那麼武士道究竟變得如何呢？本章將逐步闡明日本奉天皇為君主，強迫受徵召的國民遵從武士道的歷程，以及武士道在二次世界大戰後的發展。

幕末動亂時期的武士動向

◆從攘夷到倒幕，產生這股趨向的發想為何？

幕府倒退與武士道

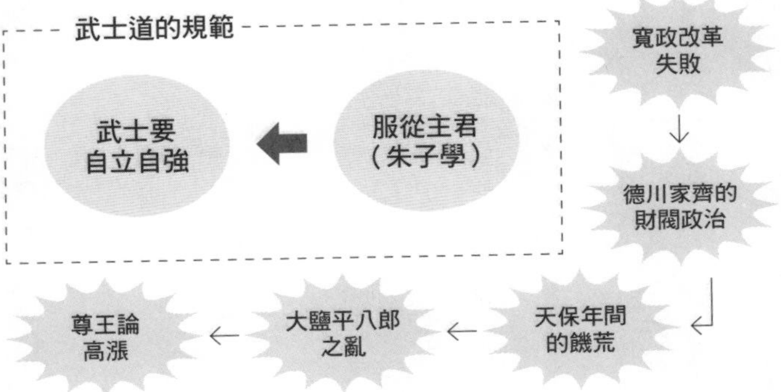

失去信賴感的幕府

如前所述，武士道分為思想上的武士道與做為行動規範的武士道。

前一章接連介紹了幾本武士道書籍，闡明其中的武士道思想意外地膚淺，且《葉隱》也並非一種高尚的「死亡哲學」。

當時幕府若能基於朱子學思想創造一本「武士道經典」，相信日本在吸納近代工業之後也依舊能維持德川家政權。只不過，武士道終究只是由武士各自思考的行動規範拼湊而成的道德思想。

因此，只要人民對於幕府的信賴感降低，武士們就會基於自己的想法，擺脫幕府及大名的旨意束縛，打著「為了國家」或「為了人民幸福」的口號採取行動。從攘夷主義到倒幕運動，參與這一連串歷程的人，便是基於這種想法而活動。

在松平定信的寬政改革以失敗告終後，幕府政治隨即陷入一片混亂。在十一代將軍德川家齊與老中水野忠成帶起的惡質財閥政治（賄賂政治）下，讓幕府的領導能力在十九世紀初期急速倒退。

自立自強的武士們

天保年間的饑荒（一八三三～三九年）讓日本國內經濟情勢急速惡化，天保八年（一八三七年），幕府家臣大鹽平八郎在大坂為了救濟饑民而起義造反。

身為幕府家臣卻做出背叛主君這種朱子學所無法容許的行為，然而戰敗身亡的大鹽死後依舊受到眾人景仰，幕府所期許的主從道德，在這個時候明顯地開始崩壞了。

批判幕府強迫人民學習朱子學，而提倡「要重視《古事記》等日本古代典籍」的日本國學，也從十八世紀末期開始逐漸興盛。在歌頌天皇制的《古事記》等古典作品廣為流傳的趨勢中，尊王論（尊敬皇室的想法）的意見逐漸高漲，最終形成一股期盼天皇親政的聲浪。

伴隨著這股聲浪，有些知識分子開始出面提倡武士的自立心要比流於形式的朱子學道德還重要。像備受幕末志士尊敬的吉田松陰❶就曾寫到：「大丈夫不可無自立之處（無法自立的人算不上男子漢）。」

這種批判幕府的聲浪擴大，隨即導致了維新動亂，但在下一個項目當中，將先一探在與討幕派的抗爭中大為活躍的新撰組的武士道。

譯註：

❶幕末思想家、教育家和兵法家，乃明治維新的精神領袖及理論奠基者。

新撰組重視的武士道內容為何？

◆切腹而死的人比戰死者還要多的理由

嚴厲的規範——〈局中法度〉

在日本開國（一八五四年）後叢生的亂象中，秉持反幕立場的志士們為了拉攏天皇加入自己的黨派，便開始聚集在京都，對公家進行各式各樣的活動。此時奉幕府命令取締這些志士的，正是新撰組。

新撰組是在文久三年（一八六三年）由芹澤鴨、近藤勇等十三人所創立（芹澤鴨隨後遭近藤勇一派暗殺），成立後便開始招募本領高強的浪人，企圖擴大組織的勢力。

為了管理這些招募而來的新撰組隊士，近藤等人便制定了〈局中法度〉規範他們的言行，其內容十分嚴厲，甚至會強迫違背武士道的人切腹。

局中法度

一、不可違背武士道
二、不可脫離組織
三、不可任意收受金錢
四、不可任意介入糾紛
五、不可私鬥

新撰組年表

1862年		組成「浪士組」
1863年	8月	在「八月十八日政變」中大為活躍，改名「新撰組」
	9月	近藤勇在肅清組織後掌握實權
1864年	6月	參與池田屋事件
	7月	參與「禁門之變」
1867年	3月	爆發內部鬥爭——「油小路事件」
	10月	進行大政奉還，參與戊辰戰爭
1868年	1月	在鳥羽伏見之戰中落敗
	3月	改稱甲陽鎮撫隊，進攻甲州卻慘遭殲滅
	4月	參與宇都宮城之戰
		近藤勇遭處死
	5月	沖田總司病故
	6月	參與會津戰爭
1869年	5月	土方歲三在箱館戰爭中戰死，新撰組解散

新撰組的死亡原因

切腹・肅清……… 31名
戰死……………… 5名
病死……………… 3名
不明……………… 6名

（在京都活動期間）

被武士道擊潰的新撰組

在芹澤暗殺事件後掌握新撰組實權的近藤勇及土方歲三，乃出身自多摩地區（東京都）的農民。

他們從少年時期就對武士懷有憧憬，並前往劍術道場習得一身武藝。或許這類由衷希望成為武士的人在達成心願後，都會被武士道中最偏激的部分所吸引吧。只要看看新撰組的死亡人數（在京都活動期間），就會發現因切腹而亡的人數居然遠超過戰死者。

近藤與土方雖然是了不起的人物，但他們絕無寬貸的處事態度，也致使新撰組產生各種內部糾紛，進而導致了組織的崩壞。

真正的武士道並不是輕率的選擇切腹，為了家族鍛鍊武藝才是武士原本的觀念，然而，在京都遊手好閒的他們，當真有必須守護的事物存在嗎？

在下一個項目中，就來看看在維新動亂中，被武士行為所吸引的外國人活躍的場景吧。

藍眼睛的武士們

◆加入居於劣勢的幕府軍，抱持著死亡覺悟的外國人

遠從法國而來的軍事顧問團

在戊辰戰爭中，有些西洋人選擇與幕府軍並肩作戰，他們是為了教授幕府軍近代戰爭知識而遠從法國派遣來的傳習使節團（軍事顧問團）中的部分團員。

由夏諾安（Chanoine）大尉與布呂內（Brunet）大尉等十八名團員組成的傳習使節團一行人，在慶應三年（一八六七年）一月從橫濱登陸。然而一年多前，導致幕府解體的薩長同盟早已成立，而在法國顧問團抵達後不到十個月內，德川慶喜便進行了大政奉還（將政治實權歸還天皇的提議）❶。

傳習使節團在抵達日本後，立刻開始針對幕府軍進行訓練，幕府在其協助之下，建立了由兩支大隊組成的強悍傳習陸軍部隊。

傳習使節團與戊辰戰爭

1866年	拿破崙三世與德川慶喜達成協議，決定派出對日軍事顧問團
1867年	以夏諾安大尉與布呂內大尉為首的傳習使節團抵達日本，開始教授現代軍事
1868年	在江戶開城後，由大鳥圭介擔任指揮官的傳習隊逃離江戶
	鳥羽伏見之戰（戊辰戰爭）爆發
	傳習使節團受本國指示採取中立的立場
	布呂內脫離使節團，登上開陽號軍艦
	夏諾安歸國
1869年	布呂內等人協助以榎本武揚為中心的蝦夷共和國建國
	法國下級士官在五稜郭陷落前脫逃

箱館戰爭（右圖）與五稜郭

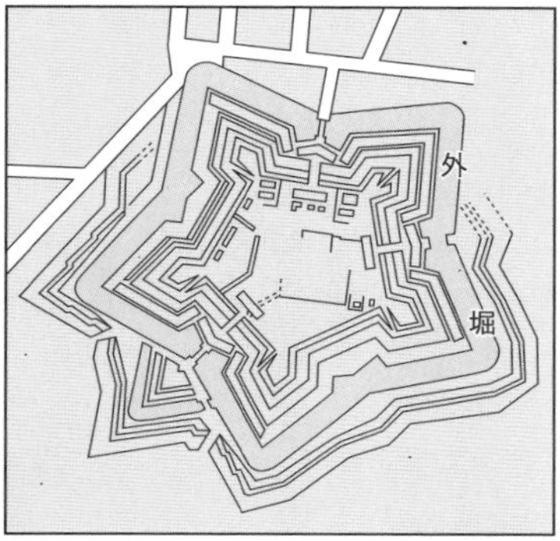

五稜郭全貌

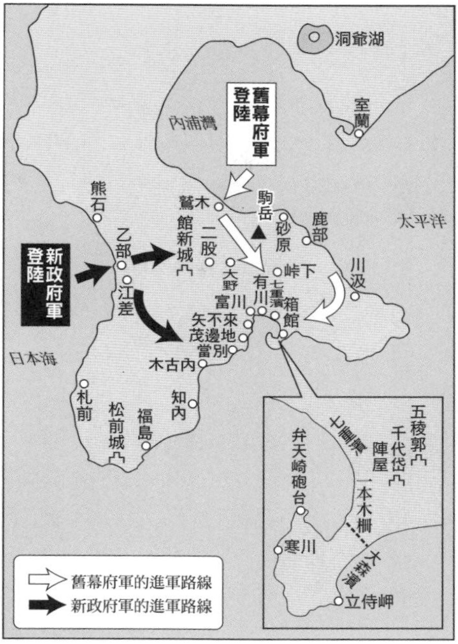

箱館政權的布呂內
（前排左邊算起第二位）
（函館市中央圖書館館藏）

明治元年（一八六八年）一月，政府軍與幕府軍在京都南方的鳥羽伏見地區開戰。然而，幕府軍最精銳的傳習陸軍部隊，在勝海舟❷的強烈反對下並未參與這場戰事。

違反歸國命令，以幕府軍成員的身分參戰

在鳥羽伏見地區戰敗的德川慶喜，雖然逃到江戶後就向政府軍投降，但傳習陸軍部隊的存在，卻讓事態無法就此劃下句點——部隊裡所有官兵都認為「要是自己能夠參戰，獲勝的絕對是幕府軍」。

於是，松平太郎❸等傳習陸軍部隊便和主張抗戰的幕府海軍榎本武揚❹、東北地區的會津藩等幕府派諸藩，一同堅持與政府軍抗戰到底。而其中絕大部分的人便因此離開江戶，朝會津地區出發。

在這之後，法國公使應允新政府（薩長派）的要求，向使節團下達歸國指令。

但早在此之前，使節團就收到傳習陸軍部隊的請求，希望他們能擔任幕府軍的軍事顧問。公使發出了形式上的高壓命令，而來自會

津的信件卻述說著坐困圍城的感人場面。

使節團一行感到十分迷惘——究竟該遵從本國的命令，還是選擇報答幕府的知遇之恩？隨後，夏諾安大尉等八人決定返國，而布呂內大尉等十人則決定搭上榎本武揚的軍艦，偕同前往會津。

布呂內等人或許認為比起返國回歸平淡乏味的日子，自己更想發揮受眾人感激的軍事能力，過更有價值的人生吧。

在蝦夷地奮力擔任作戰指揮

當榎本、布呂內等人抵達仙台時，會津早已淪陷。於是他們改朝蝦夷地❺的中心——箱館（函館）出發，並決定在此建立自治州。一行人在十月二十日登陸蝦夷地，此即為箱館戰爭❻的開端。

布呂內等人組成的軍事顧問團會派出一人以上參與在蝦夷地進行的作戰活動，擔任部隊的作戰指揮。但榎本軍不論人數還是裝備都不及政府軍，只能落得節節敗退的窘境。

再度接獲歸國命令，但……

就在箱館即將陷落之際，布呂內收到了以法國皇帝名義發出的歸國命令，法國想藉由保住一行人的顏面來拯救使節團。

此時，布呂內等人雖然遵從了這道命令，但馬林（Marlin）與佛坦（Fortant）兩位伍長卻選擇留在箱館。沒有人知道他們後來的情況，但兩人想必是被幕府武士的氣魄打動，因此想和夥伴們一同迎向死亡吧。

包括筆者在內，未曾經歷過戰爭的人恐怕很難理解他們的心情。

然而現代同樣也有人為了拯救弱者，主動投身危機四伏的戰場之中。

據載高部正樹先生❼就曾志願加入阿富汗軍隊與蘇聯侵略者對抗，隨後並加入了克倫（KNLA）民族解放軍（有數名日本義勇軍參與了克倫族的獨立運動，當地還為其豎立慰靈碑）及克羅埃西亞軍，與他們攜手奮戰（《傭兵の誇り》，小學館出版）。

譯註：

❶舊幕府（德川宗家）將江戶城轉讓給明治新政府的事件代稱。

❷江戶幕府的海軍負責人，促使江戶和平開城的功臣之一。

❸江戶幕府的陸軍副司令官（陸軍奉行並），隨後擔任蝦夷共和國的副總裁一職。

❹江戶幕府的海軍副總裁，隨後擔任蝦夷共和國的總裁一職。

❺今北海道地區。

❻幕府軍與政府軍的最後一場戰役。

❼前日籍傭兵，目前主要執筆撰述自己的傭兵生涯。曾在二〇一一年三月前往日本東北災區支援，並控告當時的首相菅直人等官員及東京電力社長等六人在業務上的過失導致人民受害。

前往開拓北海道的武士

◆與萌芽期的武士同樣活躍的屯田兵

伊達移民表

（船岡地區除外）

年 月	戶數	人 數
明治3年4月	96	250
3年8月	64	72
4年2月	143	788
5年3月	132	465
6年6月	44	562
7年4月		58
8年5月		56
13年3月	87	358
14年4月	18	72
		計 2681

出處：榎本守恵，《侍たちの北海道開拓》，北海道新聞社。

伊達氏開拓北海道

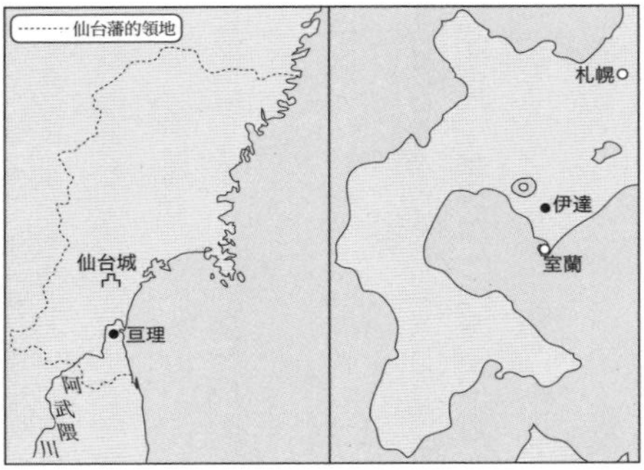

被諸藩瓜分的北海道

明治二年（一八六九年）五月，榎本武揚等人向政府軍投降。隨後新政府便設立開拓使❶經營北海道（「蝦夷地」於明治二年八月改稱「北海道」），但當時的政府並沒有足夠的財力支付大範圍土地的開發經費。

因此，政府採取的方針是將北海道直轄地（二十個郡）以外的土地，分割給提出申請的諸藩、士族、寺院等組織治理。

在此政策的推動之下，出現了許多把北海道部分土地當成自身領地的一部分、前往投入開拓事業的藩，掀起一陣移居北海道的熱潮。

伊達邦成開拓有珠

在此試以在仙台藩主伊達家一族中，拋下

屯田兵的入植地

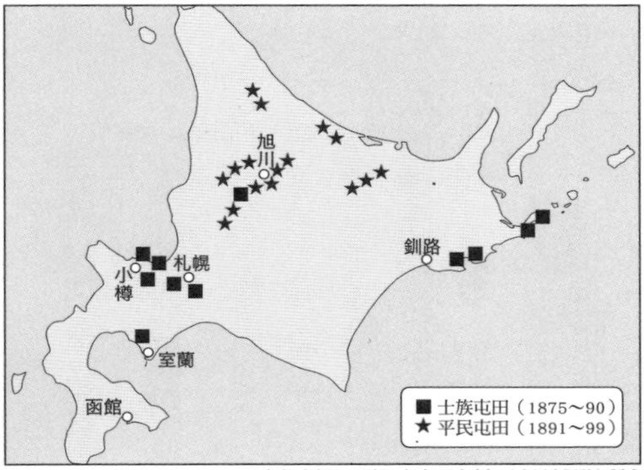

參考《地図・図録・年表 日本史》（山川出版社）製成

北海道開拓年表

1869年	7月	設置「開拓使」
	8月	蝦夷地改名為北海道
1871年	5月	「開拓使廳」移交札幌管理
1873年	12月	在黑田清隆的建議之下，政府決定設置屯田兵
1876年	8月	開設札幌農學校
1881年	8月	開拓使官產轉賣事件❹
1882年	2月	廢止開拓使
1886年	1月	設置北海道廳
1900年		停止募集屯田兵
1904年	9月	廢止屯田兵制度

仙台領地內兩萬三千石的亘理郡，前往經營北海道的伊達邦成為例。

身為戊辰戰爭的戰敗方，曾有六十二萬多石的仙台藩領地被削減了二十八萬石，而伊達邦成治理的亘理郡也在此時遭到沒收，成為南部家的領地。

這使得伊達邦成必須定居在仙台，靠領取約五十九石的俸祿過活，其多達一千三百餘戶的家臣，則得在南部藩的統治下受命從事農業工作。

因此，伊達邦成在接獲處分決定後，便決心自費帶領舊家臣前往北海道開拓。就算失去了領地，伊達邦成一樣能獨自在繁榮的仙台過著舒適寬裕的生活。

但素有明君之稱的他卻認為身為藩主便有責任守護家臣的生活。

因此他率領眾人移居有珠郡進行開拓工作，並在舊藩士的齊心協力之下，順利地完成開拓事業。

他們所移居之地便取名為伊達（在登別溫泉附近還設有以伊達開拓為主題的樂園）。

正是身為武士堅忍不拔的精神，讓他們戰勝了嚴寒地區的艱辛生活。

士族的失業政策——屯田兵制度

在北海道的開拓進度遲遲未有進展之際，北方又面臨到俄羅斯的威脅。

因此，薩摩藩出身、擔任開拓次官❷的黑田清隆（後任第二任日本首相）一度提倡派兵前往樺太島❸，並在明治六年（一八七三年）十二月，向政府提出了〈屯田兵設立建白書〉。

這項提案是讓失業的士族（原本的武士）移住北海道，由他們擔負北方的警備並進行農地開發。

當時的政府就依照這份提案的意見，開始招募屯田兵遷入北海道。

廣為發揮的武士道精神

每一戶屯田兵會分配到五町（五萬平方公尺）的土地與住家，並獲得兩百三十多圓開墾費（相當現在的四百六十萬日幣、一百六十萬台幣左右）。

明治八年（一八七五年）八月，政府在札幌郊外的琴似地區設立了最早的屯田兵村落。當時宮城縣、青森縣、酒田縣（現今山形縣的一部分）與北海道的士族，總計有一百八十九戶、九百六十五人遷入該地區。

直到日俄戰爭爆發，明治政府在明治三十七年（一九〇四年）廢止屯田兵制度為止，總共有七千三百三十七戶人家在此從事開拓工作。不過在未開發地區生活，卻也讓他們飽受磨難。

據云當時從事軍務的屯田兵家長會花費許多時間在軍事訓練上，因此農務作業便落到了妻子的頭上，孩子們也必須負責打水、做飯等，協助家務。

但在其不屈不撓的努力奮鬥下，北海道的開拓作業終究得以順利進行。

平安時代中期，那些開拓土地、建立莊園村落的人成為萌芽期的武士，而在近代，從事近似中世武士工作的人，正是這些參與北海道開拓事業的侍。

就在北海道開拓作業順利進行之際，中央

政府也開始培育近代軍隊以取代武士所具備的戰力。

然而就如同下一個項目所描述的，政府卻將形式錯誤的武士道帶入了這批軍隊中。

譯註：

❶在明治前期負責北海道開拓的行政機關。

❷開拓使機構中的副長官。

❸又名庫頁島（Sakhalin）、薩哈林島（俄文：Сахалин）。是位在北海道北方的大島，如今隸屬俄羅斯聯邦。

❹黑田清隆為讓北海道能在開拓使廢止後繼續發展，遂命令退休官員開辦企業，並將大量官產賤價轉賣給這些私人企業而遭到在野人士抨擊的事件。

強迫平民學習武士道的徵兵制

◆納入《軍人敕諭》中的武士道德

徵兵制下的兵力成長

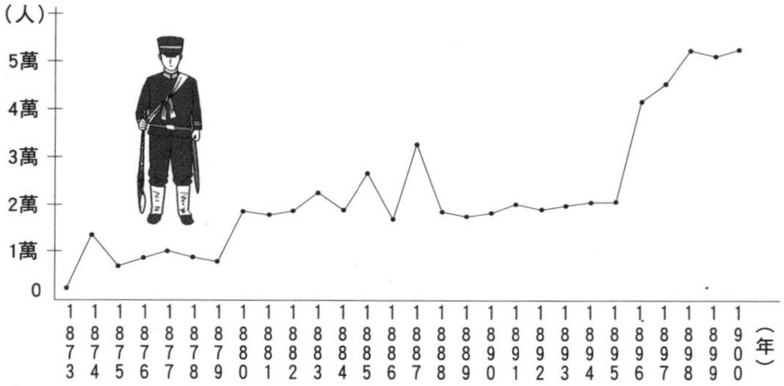

根據加藤陽子，《徵兵制と近代日本》（吉川弘文館）一書繪製

透過徵兵制整頓軍隊

士族是以藩為單位、具備堅強的團結心與排他性的組織，所以士族的軍隊並無法保衛一整個國家。具有這種想法的明治政府，意圖從國民中徵召士兵加以訓練，以打造歐美式的近代軍隊。

因此，政府在明治六年（一八七三年）一月發布徵兵令。不過在這之後，卻發生了失業士族基於憤恨不平而引發的叛亂，以及不願從軍的農民們所引發的血稅一揆。就連那些未明顯反抗政府的士族們，也都在背地裡譏笑：「這批由農家次子、三子拼湊成的軍隊能有什麼作為？」

不過在政府大手筆的預算投入下，這支軍隊引進了最新式的軍艦與大砲，以極快的速度進行了近代軍備的整頓。

強迫平民遵守武士道的「軍人勅諭」

在徵兵制實施後第九年，明治天皇向陸海軍頒布了《軍人勅諭》。當中納入了「忠節」、「禮儀」、「武勇」、「信義」、「簡樸」等訓示，與新渡戶在《武士道》記述的武士道德幾乎一模一樣。

換言之，明治政府是在強迫徵召而來的平民要效法「江戶時代的武士應有的言行舉止」。

而其中關於「忠節」的教誨，還包含了危險的要素。江戶時代的武士會向給予他俸祿的將軍及大名盡忠，然而明治維新過後，幕府與藩主不復存在，使得軍隊效忠的對象僅有天皇一人。

獨立自主的天皇統帥權

日本軍隊應當是守護弱小民眾、「為國民奮戰的軍隊」。然而，明治政府卻教導日本士兵「要捨命為天皇而戰」。

基於此一觀念，其於《大日本帝國憲法》（一八八九年）中設立「天皇統帥陸海軍」的法條，讓日本軍隊成為專屬天皇的軍隊。藉以讓統帥權得以獨立自主，壓制那些提倡反戰主義的聲浪。

其中以海軍藉口「內閣侵犯統帥權」，譴責政府簽訂倫敦海軍軍縮條約❶的事件（一九三〇年）最為知名。

此事甚至導致當時首相濱口雄幸的暗殺事件❷。要是日本沒有這種統帥權獨大的觀念，或許就不會引發像太平洋戰爭那樣大規模的戰爭了吧。

譯註：

❶由華盛頓海軍條約的締約國——英國、美國、日本、義大利、法國在倫敦簽訂的縮減海軍軍力的條約。

❷日本第二十七任首相。一九三〇年十月十四日在東京車站遭人開槍殺害未遂，導致他在九個月後因細菌感染身亡。

染上國家主義色彩的武士道

◆被詮釋為武士道所衍生的「國民道德」

以美國為範本創立宗教

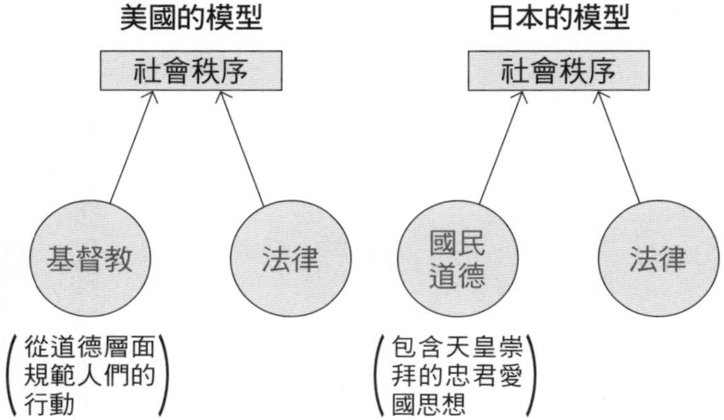

神道在道德上的約束力不及基督教，因此必須創立新的宗教信仰

天皇被視為國民道德的教祖

明治四年（一八七一年），日本政府派遣了岩倉遣外使節團到歐美各國進行考察。他們的目的之一，就是要考察各國基於西歐近代法律所建立的立憲政治實況，尋求讓日本盡快建立立憲政體的途徑。

當時，他們認為日本與西洋最大的差異，就在於日本沒有像基督教那樣具備強烈約束力的宗教。由於法律無法束縛人心，因此歐美採取能從道德層面規範人們行為的基督教與法律互補的形式來維持社會秩序。

然而神道卻認為「人性本善，眾人只需隨心所欲生活即可」，這讓掌權者無法像基督教那樣運用信仰來控制民眾的行為。明治政府於是試圖打造出足以和基督教抗衡的「天皇教」

教育勅語與十二項德目

教育勅語

朕惟我皇祖皇宗，肇國宏遠，樹德深厚，我臣民克忠克孝，億兆一心，世濟其美。此我國體之精華，而教育之淵源，亦實存乎此。爾臣民孝於父母，友於兄弟，夫婦相和，朋友相信，恭儉持己，博愛及眾，修學習業，以啟發智能，成就德器，進廣公益，開世務，常重國憲、遵國法，一旦緩急，則義勇奉公，以扶翼天壤無窮之皇運。如是者，不獨為朕忠良臣民，又足以顯彰爾祖先之遺風矣。斯道也，實我皇祖皇宗之遺訓，而子孫臣民之所當遵守，通諸古今而不謬，施諸中外而不悖。朕與爾臣民，俱拳拳服膺，庶幾咸一其德。

明治二十三年十月三十日 （官報）

1 重視父母與祖先
2 與手足和樂相處
3 夫妻常保和睦
4 朋友互相信賴
5 自身謹言慎行
6 對廣大世人伸出慈愛之手
7 勤勉向學、學有所長
8 增長知識、擴展才能
9 努力提升人格
10 為廣大世人及社會貢獻一己之力
11 遵守規則、維護社會秩序
12 具備正確的勇氣，獻身於社會與國家

與國家主義結合的武士道

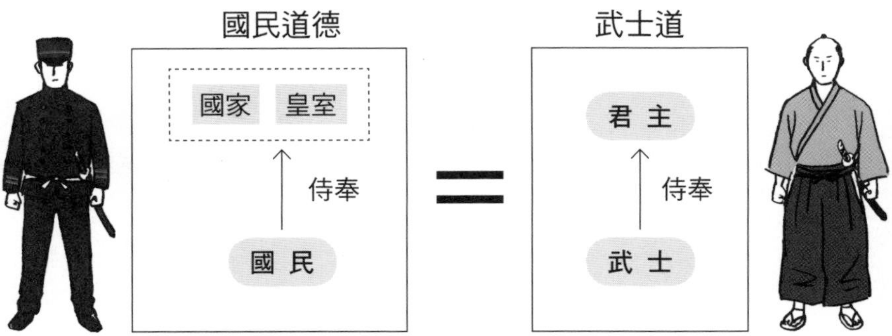

明治時代以降，武士道在政府與軍部的操弄下與國家主義結合

信仰，以彌補法律的不足。

只不過，「天皇教」一詞恐怕會讓多數國民感覺有異。於是，伊藤博文等政府首腦遂採用了「國民道德」這個好聽的名稱。國民道德是以用「忠君愛國」一詞來表現的國家主義為核心，其中並包含了天皇崇拜的意識型態。

基於國民道德，二次大戰前的日本官廳、軍艦及學校都會掛上稱為「御真影」的天皇照片，並強迫人民膜拜。

被視為國家大道的武士道

明治政府以天皇之名，透過「教育勅語」❶等各式各樣的管道，教授所謂日本人應當遵守的道德規範，而迎合政府此一政策的學者也所在多有。

其於闡述日本歷史的過程中，主張「國民道德是日本人自古擁有的優良傳統，換言之，即是承自武士道思想的道德規範」。

在此試以日俄戰爭（一九〇四～〇五年）後，東京大學國史學（日本史）教授重野安繹在明治四〇年（一九〇七年）所寫下的這段文字為例。

「武士道並非只是武人專屬的道德，也是國家全體的康莊大道。我們要以忠信孝悌仁義禮智毅慈愛恭儉為本旨，以忠臣之身報效國家、侍奉皇室。」（《日本武士道》）

明治時代以降，武士道在政府與軍部的操弄下與國家主義結合，但正如下一個項目所述，當時還是有人注重武士道所提倡的自立──自己思考何謂正確的觀念。

譯註：

❶日本明治天皇在一八九〇年十月三十日對日本全國頒布的教育文件。本書中的教育勅語乃引用台灣日治時代雇員湯日生翻譯的版本。

未吸納國家主義的新渡戶《武士道》

◆基督教知識分子所重視的武士道

基督教知識分子的武士道

內村鑑三的思想

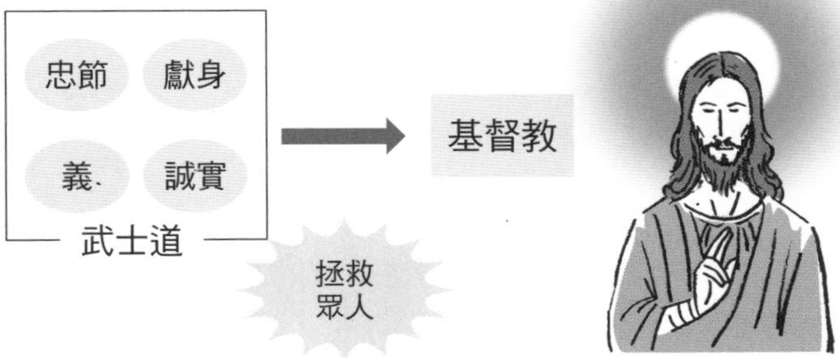

接受「士道」教育，為拯救眾人而信奉基督教

新渡戶《武士道》的特徵

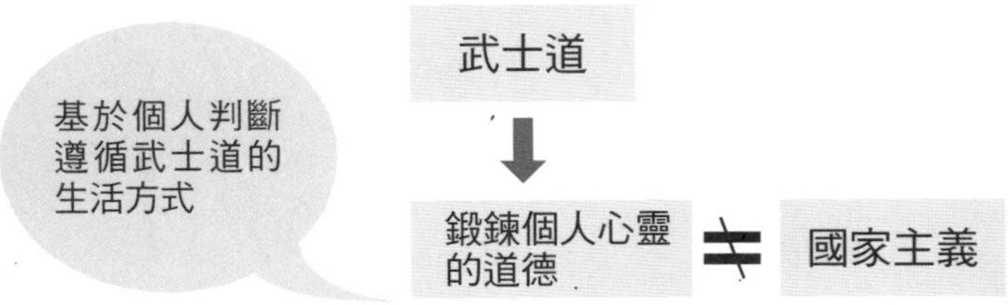

新渡戶的《武士道》與國家主義毫無關聯

立於武士道之上的基督教知識分子

與掌權者想要透過武士道推廣國家主義的意圖無關，不少人將武士道視為自己內心的支柱加以重視，而新渡戶稻造便是其中之一。

以身為明治時代基督教徒中的有力領導人而聞名的內村鑑三，就曾在其著作《我如何成為基督徒》❶中，坦言他的思想是以武士道為根基。

他在少年時期曾接受過父親以山鹿素行以來的「士道」傳統所進行的教育。

因此內村表示：「因為自己受過忠節、獻身、義、誠實等武士道的道德教育，才會為了拯救眾人而決意信奉基督教。」

因此他之所以憧憬基督教，並非由於他將一切西洋文化視為高級，認為日本文化低劣，進而捨棄武士道、投向騎士道精神的緣故。

再出版的新渡戶《武士道》

新渡戶稻造也是一名重視武士道的基督教徒，他在《武士道》中，描述武士道是一種鍛鍊個人心靈的道德思想，這種觀念便完全沒有受到國家主義的不良影響。

新渡戶這本著作曾在明治四十一年（一九〇八年），經由櫻井鷗村之手翻譯成日文版本（丁未出版社）。隨後在昭和十三年（一九三八年），岩波文庫又出版了矢內原忠雄翻譯的《武士道》。

在國家主義日漸高漲的過程中，新渡戶的著作逐漸受到世人的接納，這樣的情形代表當時許多人乃是基於個人判斷，決定遵循武士道的生活方式。儘管如此，軍部最後還是以國家主義為踏板，發動了太平洋戰爭。

譯註：

❶原名為《余は如何にして基督信徒となりし乎（*How I Became A Christian*）》，岩波文庫出版。

在戰爭中被美化而橫行的自殺行為

◆為遵守《戰陣訓》而選擇一死的軍人們

《戰陣訓》的要素容易與武士道混淆

- 絕對服從天皇
- 有對天皇盡忠義、對父母行孝道的精神
- 有勇猛果斷的精神
- 有犧牲小我、完成大我的精神
- 不可活著忍受俘虜之恥
- 清心寡慾
- 抱持死的覺悟整理好身邊的事物
- 時常磨練武藝（軍事技術與精神）
- 九死一生從戰場歸來的人要追悼死者

推進自殺行為的《戰陣訓》

在打贏日俄戰爭後，日本隨即晉升為列強之一，取得與歐美各國分庭抗禮的地位，並接著展開從九一八事變❶到太平洋戰爭為止，橫跨十五年的長期戰事。

隨著戰事的擴大，日本軍部的力量也急速增強。在這股趨勢的影響下，陸軍大臣東條英機於昭和十六年（一九四一年）頒布了對陸軍幹部而言相當受用的《戰陣訓》，其中有著以下這段文字：

「知恥者強。要常憶鄉黨家門之顏面，愈加奮勉以不辜負期待。勿受生擒為俘虜之辱，勿死而留下罪禍之汙名。」

這段文字是根據日本中世以來武士道「愛惜名譽」的道德思想所寫就。而在太平洋戰爭

發生玉碎作戰及集體自殺的主要戰場（太平洋戰爭）

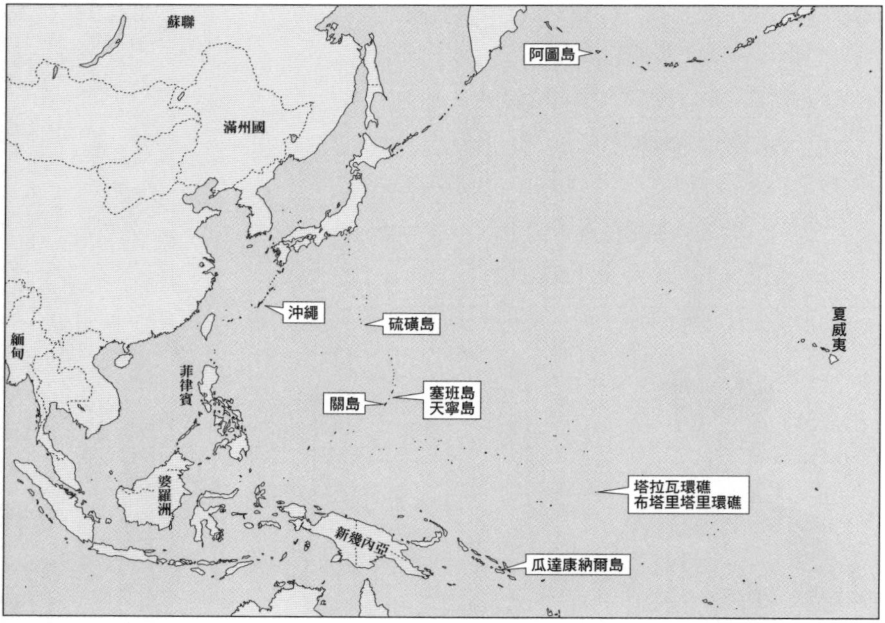

之際，許多日本士兵就是為了遵守這篇《戰陣訓》而喪命。

戰敗的日本士兵，不是選擇向敵陣發動毫無勝算的突擊，就是自我了斷。

而日本當時的陸海軍幹部，也鮮少有人能夠考慮到敵我雙方的兵力差距，冷靜地擬定作戰計畫。

「日本軍身懷武士之魂，只要奮戰到底必能獲勝！」

「哪怕身處彈盡糧絕之境，高昂的戰意依舊能彌補一切！」

在抱持著這種觀念的指揮官領導下，最後甚至出現了捨命殺敵的特攻隊。

輕率赴死的軍人們

太平洋戰爭中，許多定居在塞班島及沖繩地區的一般民眾，在軍人嚴禁投降的命令下被迫自盡。

日本戰敗之際，陸軍大臣阿南惟幾（筆者的遠房親戚）則為了負起接受波茨坦宣言❷的責任而自行切腹。

據說他當時為了延長自己的痛苦，還特別禁止觀看切腹的部下幫他介錯（砍下切腹者的首級）。每當聽到當時的故事，我就會對那些將切腹美化的人感到憤怒。

戰敗的反動導致道德教育退步

在太平洋戰中，上級長官嚴苛對待下級士兵的行徑，讓許多日本人開始對軍隊感到厭惡。

而規定日本要放棄戰爭、不准持有武力的「日本憲法第九條」，就結果來說，可算是回應了國民厭惡軍隊的心聲。

露絲・本尼狄克特（Ruth Benedict）❸在其名著《菊與刀》中認為，是日本人那服從集團、放棄自我思考的習性，讓他們產生「既然大家都前往戰場，那麼自己也要跟上」的想法，進而引發了太平洋戰爭的事端。

發動太平洋戰爭並不只是軍部的錯，也有許多知識分子認為，染上國家主義教育色彩的全體日本人都應該負起戰爭的責任。

經歷過這些事件後，日本人開始輕忽道德教育的重要性，認為「宣傳美國的拜金主義，將能促進日本發展」的風潮也愈來愈興盛。

在下一個項目中，將思考在戰後急速民主化、個人主義化的日本，武士道究竟扮演著怎樣的角色，並藉此為本章進行總結。

譯註：

❶指一九三一年九月十八日，中國東北軍與日本關東軍在中國大陸東北地區爆發的衝突事件。

❷英文原文為the National Government of the Republic of China，是一九四五年七月二十六日由美國、英國、中國三方所發表的戰勝宣言。

❸二十世紀的美國人類學家。

二次大戰後，武士道以何種形式傳承下來？

◆以扭曲的方式美化「死亡」的現代人

武士道之國的高度經濟成長

「明治維新後，變質為帶有國家主義色彩的武士道，是否就此隨著二次大戰終戰而蕩然無存？」

面對這種疑問，我可以滿懷自信地回答：「武士道在二次大戰後依舊存在。」

就像新渡戶稻造在《武士道》一書中指明的，一個民族的國民性或經年累月形成的氣質，不會那麼輕易地被改變。

守護家族與在組織中善盡本分的責任感，是中世武士道的基本核心。

而日本人的意識深處，仍舊保有責任感這份武士道的核心。

拜此之賜，日本才能順利地從太平洋戰爭的破壞中重新出發，成為經濟大國。

日本之所以能實現高度的經濟成長，全都歸功於眾多為了家人、為了自己所屬的企業等組織奮發工作的無名英雄。

遭到美化的錯誤武士道

但在此必須指出，在戰後日本富裕的光明面背後，還潛藏著錯誤的武士道觀念。

即是以「武士道」之名美化死亡的觀念，直到慘烈的戰爭結束後，依舊受到人們承襲。

這項錯誤觀念在中世武士道中並不存在，卻在江戶時代興起明治維新後急速擴大，讓許多人在太平洋戰爭中無意義地送命。

此外二次大戰後的日本人，還採用了極為扭曲的方式美化死亡。

就像：

「我當然不想死。因為會感到悲傷，所以

二次大戰後繼承對「死亡」的美化

武士道的趨勢（受到美化的「死亡」）

江戶時代：切腹

明治～戰爭中：玉碎・自決

戰後：漫畫情節 ⇒

現代人對於「死亡」扭曲的感受

・不願意自己或夥伴死亡
・對戲劇或小說中登場人物的死亡感到感動或同情

（用登場人物的死亡將劇情推向高潮的現代漫畫）

就算與壞人交戰也不會殺害對方的漫畫 ⇒ 真正的武士道

（以重視生命為基礎，為了保護集團安危的道德）

・《赤胴鈴之助》（武內綱義）
・《猿飛佐助》（杉浦茂）

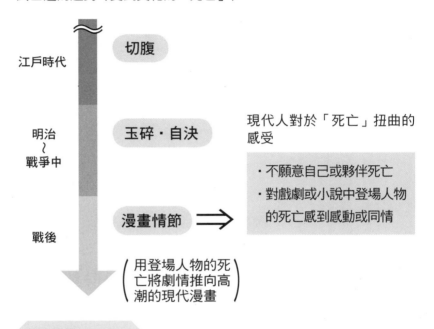

也不希望家人或朋友死去。但如果是在電影、連續劇、小說或漫畫中登場的人物，被他們壯烈的死亡所『感動』、同情故事中的死者而『落淚』，就充滿了樂趣。」

看到這段話，想必不少讀者會覺得「確實如此」吧。

輕率對待死亡的戰後漫畫

手塚治虫一系列的作品，曾是我小時候熱愛的眾多漫畫之一。

但等到上了高中後，我卻開始討厭惡起手塚與石之森章太郎❶的作品。

直到很久以後，在思考箇中的理由時，我才驚覺是因為手塚會讓登場的人物輕率赴死的緣故。

他會事先安排幾名讀者喜歡的角色，雖然不會將主角賜死，卻會讓大半的配角在故事中接連死去，利用每一次的死亡場景將劇情推向高潮。

由浦澤直樹重新改編為《PLUTO～冥王～》的《原子小金剛　地上最大機器人》就是典型的範例。而畫出《人造人009》等作品的石之森章太郎，不也是採用這種形式創作出精心設計的漫畫嗎？

會對漫畫《哥爾哥13》（作者齋藤隆夫）中主角哥爾哥的殺人場景感到血脈賁張的讀者，以及那些喜歡看電視特別節目詳細報導某人之死的觀眾，他們的心情或許和所謂的手塚迷是一樣的吧。

而如武內綱吉的《赤胴鈴之助》或杉浦茂的《猿飛佐助》，這些直到我長大成人都還很喜歡的漫畫作品，在劇情鋪陳上便十分重視人命（鈴之助與佐助這兩位主角就算戰勝壞人也不會取走對方性命）。

人的死亡，是必須嚴肅正視的事。但只要我們還活在這個世界上，就必須充分理解生的可貴，並重視自己與他人的性命。千萬不可美化死亡，做出迫使某人走上絕路的行為。

如同本書所述，至今為止，社會上都還流傳著許多關於武士道的錯誤評價。

然而，武士道並不是教人赴死的教誨。山本常朝所說的「武士道即為知死之道」，也絕對不是勸人要「尋死」。

因為真正的武士道是以重視生命為基礎，為了盡到保護家人以及自己所領導的集團成員們的責任而創造出來的道德思想。

在後記中將會記述筆者眼中真正的武士道在「今後的模樣」，藉此替本書進行最後的總結。

譯註：

❶日本漫畫家，《假面騎士》系列作品的原作者。

終章

「和之心」——現代日本人心中的武士道

認為武士道終將滅亡的新渡戶稻造

新渡戶稻造在著作的結尾寫下「第十七章武士道的未來」，做為《武士道》一書的總結。

在這一章中記述了他認為武士道在日本近代化及國際化趨勢中將有怎樣的發展。

至於新渡戶的看法，雖然前面已大致提過，但在此還是重申一次其中的重點。新渡戶是這麼說的：

「基督教與物質主義把未來的世界一分為二。規模較小的道德體系會依附在另一邊，使自己得以延續。而武士道終將會投向其中一方的懷抱吧。」

換言之，他認為武士道總有一天會面臨滅亡的命運。

只不過，這無疑是身為基督徒的新渡戶「以自我為本位的解釋」。

畢竟不論是誰都能夠明顯看出，現在的世界並沒有被基督徒的勢力範圍與物質主義領域一分為二。

改變形式流傳下來的武士道精神

新渡戶在此章的結論表示，武士道做為一個獨立的道德準則可能會消失，但它的光芒與榮耀將成為日本人的驕傲，永遠留存在人們記憶深處。

倘若武士道的內容就如同新渡戶書中的定義，則確實讓人不得不做如是想。

新渡戶在書中所描述的用「義」、「勇」、「仁」等儒教用語表示、外在近似朱子學的「武士道」，在近代化的過程中確實日益消退。

然而若是試著將「義」與「勇」用日本的「正確之心」或「義理」來表示，將「仁」讀做

新渡戶稻造預測的武士道未來

新渡戶稻造的預測 → 規模較小的道德體系（武士道）會被納入基督教或物質主義之中（消滅）

現實中…… → 「義」、「勇」、「仁」 → 採用儒教用語的朱子學式武士道不復存在

然而……

「義」、「勇」→「正確之心」、「義理」
「仁」→「溫柔」、「人情」
……只要如此轉換讀法，即可明白武士道依舊留存在現代的日本

現代日本人具備的心情

領袖形象的交替與武士道

奈良時代以前

司祭　卑彌呼型 ↔ 民眾

平安時代以後

強悍並懂得照顧人　平將門型 ↔ 民眾

武士會背負起身為領袖的責任，部下也相對產生善盡責任的義務

日式的「溫柔」或「人情」，就能明白現在的日本人大多還保留著這種情操。

假如我們不帶任何預設立場來閱讀新渡戶的《武士道》，或許會認為他把武士道與武士子弟學習的朱子學視為相同的東西。

但在重視義理人情的日本社會中長大的新渡戶，真正想要表達的，難道不是武士道就是「活得像一個日本人」這件事？

然而這只是我對新渡戶《武士道》的個人感想。

我認為武士道的核心價值，即是誕生於中世的「責任感」概念。如前所述，當人們不再對司祭者（天皇或神官）唯命是從，拋棄仰賴神明的生活時，武士遂就此誕生。

武士道始於活得像人的生活方式

平安時代中期，大多數日本人都認為世界僅是由和自己等身大的人類所組成。

就是從這個時候起，人們不再遵從司祭者的命令，改奉具備強烈責任感的武藝高強之人為領袖，開始尊敬像平將門這類強悍且懂得關

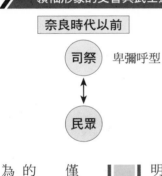

照眾人的好漢，更勝過像邪馬台國的卑彌呼那樣受到神明憑依的女性。

武士要負起身為眾人領袖的強大責任，而他的部下也必須善盡自己的本分。

若有農民怠慢農事、成天遊手好閒，就會遭到莊園村落的排擠。

武士道本來就是一種要求眾人具備責任感、完成自身義務的道德。這種觀念如今也毫無疑問地存在人們心中。

所以只要人類還活得像一個人，這種觀念想必永遠不會消失吧。

若用極端一點的說法，甚至可以說：「日本的人類歷史，是從武士登場的平安時代中期才開始。」

責任感與和之心的關聯

從還是文學部學生的時候開始，我就花了許多年的時間研讀日本古代史文獻，但古代史實在是種難以理解的學問。

畢竟我們很難了解古代文獻中的人物所抱持的心情。平安時代中期以前（貴族社會則是到平安末期）的人物之中，有的甚至會讓人覺得「這不是日本神話故事裡的人物嗎？」（如安倍晴明等）。

那樣的世界充滿仰賴神明的司祭與將一切託付給司祭的庶民，人們不需要具備靠自己的腦袋思考該如何生存下去的自立心。

因此，古代只有極少數的知識分子會使用文字、鑽研學問。但等到中世時期，武士與庶民便紛紛開始追求知識、向僧侶與修驗者❶尋求教誨了。

Homo sapiens❷這種生物，想必是在擁有善盡自身義務的責任感後，才首次理解到學習學問的必要性，而且開始活得像人類吧。

而日本人就算到了未來，或許也依舊會保持這種武士道的觀念，採取具備責任感的生活方式。

除非像科幻小說中描述的那樣，人類將食衣住行全部交由機械打理，整天不與他人見面而埋首機械之中（使用像現今的電腦或電視遊樂器大幅發展後的機械設備），人類才可能過著不需負責任的生活方式。但這種時代終究不會到來

「和之心」與國家主義

「合戰」為何？ → 並非相互廝殺，而是一種武技競賽 → 有時還會建立起友情 → 和

和（沒有勾結串通、互相欺瞞，建立在充分了解之上的人際關係）

彼此相異 ↔ 遭到扭曲的武士道

- 美化死亡
- 絕對服從
- 國家主義

彼此共通 → 自然的國家主義

感受到「日本真是一個好國家」的愛國型態

武士道的本質 ＝ 和之心

- 善盡自身義務的責任感
- 建立良好人際關係的禮儀
- 自行思考並做出決定的自主性

吧。

想要活得有責任感，就必須重視周遭的「和」。若老是與人相爭，那就連原本的工作也做不好了。因此，中世的武士十分重視「和」這個字。

和的武士道與死的武士道

合戰並非相互廝殺，而是一種武技競賽。雙方藉由交戰明白彼此的實力差距，弱者會坦率地服從強者的指示。如同之前提到的平良文與源宛的合戰那樣，雙方在經過勢均力敵的交戰後，會建立起恆久不變的友情。

日本所謂的「和」，即是這種沒有勾結串通、互相欺瞞，建立在充分了解之上的人際關係。

武士道在江戶時代將死亡美化並提倡絕對服從君主的部分，以及明治以後派生的國家主義部分，如今也依舊留存在日本社會之中。

像在「任俠」❸的世界裡，似乎就產生了以「任俠道」之名，要小弟絕對服從大哥指示的道德思想（儘管筆者閱讀了相當多關於「任俠」的

報導，卻仍舊對這個世界一無所知）。

此外，現在也仍存在著提倡崇拜天皇的必要或日本重整軍備的政治團體。

國家主義的自然復甦

近來也有人指出日本開始出現新型態的國家主義。香山理香醫生❹將此稱為「小型國家主義」（《ぷちナショナリズム症候群》，中央公論新社出版）。

目前能夠自然而然地脫口說出「我喜歡日本」的年輕人愈來愈多，那些在足球等國際競賽會場上，熱情地幫日本隊加油打氣的年輕人也十分醒目。在世界盃足球賽時，還有神職❺團體花費一百萬日圓，製作七萬多面日本國旗在比賽會場發送（《朝日新聞》，二〇〇二年七月二十九日日報資料）。

這種自然萌生的愛國形式，並不像二次大戰之前那樣與國家主義及軍國主義掛鉤。

主要基於現代的國際化過程中，人們充分接觸到美國、法國、德國等其他先進國家後，感受到「日本真是一個好國家」的心情所致。

透過這份心情，人們開始想要學習日本的優良傳統，並演變成為對武士道的關注。

日本人想必能夠透過這種形式繼承真正的武士道吧。

從武士道中學習和之心

最後，現代人應當從武士道中學習些什麼？以下筆者將就這一點提出看法，為本書做一總結。

武士道的核心價值乃是和之心，換言之，就是要活得像一個日本人。

在此，我不使用「大和魂」，而是使用現代人能夠毫不抗拒地接受的「和之心」來表示，這是因為「大和魂」一詞帶有國家主義的色彩。

古代的中國人將日本稱為「倭」，然而大和朝廷並不喜歡這個帶有「矮個子」含意的「倭」字，因此將它寫成「和」❻。這既是和平的和，也是人與人之間和諧的「和」，日本人自古以來就認為自己的國家乃是「和」之國。

武士道的道德共有三根支柱。分別是：

「善盡自身義務的責任感。」
「建立良好人際關係的禮儀。」
「自行思考並做出決定的自主性。」

想要習得這種生活方式，最好能關注並學習日本的傳統文化，並了解蘊含其中的意義。

透過日本的古典文學、古武術或傳統的美術、工藝、建築、音樂、技藝等，我們將能學習到許多事物。

盼望今後的日本，會出現愈來愈多能理解和之心的侍。

譯註：

❶實踐修驗道的修行者，以追求悟道為目的，在深山中苦行。
❷現代人的學名，意為有智慧的人。
❸原指注重仁義、具備捨己為人精神的人物。不過在日本主要是指流氓以互相扶持為目的組成的暴力集團。
❹日本著名的精神科醫師、臨床心理學家兼評論家。
❺神社的職員。
❻日文中倭與和同音。

武光 誠（Takemitsu Makoto）

1950年出生於山口縣。自東京大學文學部國史學科畢業後，繼續攻讀研究所課程，取得文學博士學位，現任明治學院大學教授，專攻日本古代史與歷史哲學。其透過比較文化的觀點，從各個面向致力於日本思想與文化研究，同時抱持著深刻的求知精神，橫跨不同領域進行書寫。著有《日本人なら知っておきたい陰陽道の知恵》、《日本人なら知っておきたい「もののけ」と神道》（皆為河出書房新社出版）等書。

個人網站

http://homepage3.nifty.com/takemitsu/

日文版工作人員

設計／スタジオ・ファム

封面繪圖／唐仁原教久

內文插圖／山本サトル、中村知史

地圖繪製／AKIBA

圖解日本人也不知道的 武士道

2012年5月1日初版第一刷發行

作　　者　武光誠
譯　　者　薛智恆
編　　輯　林蔚儒
美術編輯　陳思詠
發 行 人　加藤正樹
發 行 所　台灣東販股份有限公司
　　　　　＜地址＞台北市南京東路4段130號2F-1
　　　　　＜電話＞(02)2577-8878
　　　　　＜傳真＞(02)2577-8896
　　　　　＜網址＞http://www.tohan.com.tw
郵撥帳號　1405049-4
新聞局登記字號　局版台業字第4680號
法律顧問　蕭雄淋律師
總 經 銷　聯合發行股份有限公司
　　　　　＜電話＞(02)2917-8022
香港總代理　萬里機構出版有限公司
　　　　　＜電話＞2564-7511
　　　　　＜傳真＞2565-5539

Printed in Taiwan
本書若有缺頁或裝訂錯誤，請寄回調換。

TOHAN

國家圖書館出版品預行編目資料

圖解日本人也不知道的武士道 / 武光誠著
; 薛智恆譯. -- 初版. -- 台北市 : 台灣東販,
2012.05
面； 公分
譯自 : 日本人なら知っておきたい武士道
:サムライとは何か、その心が見えてくる
ISBN 978-986-251-734-5（平裝）

1.武士道 2.日本

196.531　　　101005947